落ちこんだら

正教会司祭の処方箋171

アントニー・M・コニアリス［著］
松島雄一［訳］

Finding God in time of Sorrow and Despair
By **Fr. Anthony M. Coniaris**

YOBEL,Inc.

First year published under the title
Finding God in Time of Sorrow and Despair.

Japanese translation by
Matsushima Yuich
YOBEL, Inc.
Tokyo, Japan. 2017

This translation authorized under license by
Light and Life Publishing Company
through Japan UNI Agency, Inc., Tokyo

訳者前書き

本書の著者コニアリス神父（1926生まれ）は、ギリシャ正教会アメリカ大主教区の、名誉退職（1993）した司祭です。キリスト教出版社の経営者として、精力的な社会活動家として著名です。また断章168「悲しみの管理」にもあるように、人々の「悲嘆」（グリーフ）についての研究、著作、カウンセリングなどによるサポートも、長年神父がたずさわった仕事でした。そして何よりも神父は正教会を一人でも多くの人々に伝えたいという情熱で、驚くほど多くの著作を世に出してきました。

しかしコリアニス神父はこの書に限っては、正教を伝道しようなどとは少しも意図していません。心萎え落ちこんでいる人々が、神はどんな苦しみ、どんな心配、どんな絶望よりも「もっと大きい」（God is Greater）ことを知って（断章64、66）、一人でも多くの人々が、少しでも元気になってもらいたい、それだけです。

だからこの本には、正教会の教父たちの言葉はもちろんですが、その他にも教派にこだわらず、この目的に適うならどんな人々の言葉も貪欲に引用紹介されています。著名な我が国のプロテスタント社会活動家である賀川豊彦から、「夜と霧」で自身のユダヤ人強制収容所体験を報告したフランクル博士まで、またロシア革命でボルシェビキに殺されたアレキサンドラ皇女から人類最初に月面に降り立ったオルドリン宇宙飛行士まで、……実に様々な人々の経験や言葉が紹介されています。巻末の人名表を御参照ください。

一人でも多くの人に、この本を通じて「暗雲の向こうには今は隠れているけれど、お日様が輝いている」ことに、希望を見つけ直すお手伝いができたことに、訳者として心から主に感謝しています。

どうぞ一気に読み終えてしまわないでください。毎晩寝る前に二つか三つ、「ふーん」というぐらいのテンションで、……よろしく。

訳者　松島雄一

二〇一七年十一月

落ちこんだら――正教会司祭の処方箋１７１

目次

落ちこんだら——正教会司祭の処方箋171

1　ガンとのたたかい

十年間ガンと闘ってきたある婦人が、ついにその人生を神に引き渡しました。彼女はこう書き残しました。

「……私はジョーンズ・ホプキンス大学のガン専門の医師たちを紹介され、三か月ごとに検査に通いました。これまで世話になった医師たちと同様、私は彼らにもはっきりと言いました。『私は自分の人生も運命も、あなたたちの手に委ねません。私はより高いお方に忠実でありたいのです。私のうちにいらっしゃるキリストのことです。私のからだはこのお方の霊のお住まいですもの。私はキリストのものであって、ほかの何ものにも支配されていません。たとえガンであっても、私をキリストの存在とその愛からは引き離すことはできないでしょう。』」

ガンにもどうやってもできないことがある……
愛からその自由を奪うことはできない
希望を粉々にすることはできない
信仰を腐敗させることはできない
平和を侵食することはできない
自信を打ち砕くことはできない
友情を殺すことはできない
思い出を締め出すことはできない
魂に浸潤することはできない
永遠の生命を征服することはできない
聖霊を消し去ることはできない
よみがえりの力を減退させることはできない

苦難は、それにどうやって勇敢に耐えるべきかを知っていれば、私たちを神の前にも人の前にも、いっそう輝かしい者にしてくれる。

――聖イオアンネス・クリュソストモス

2 心電図

定期健康診断の時、ある患者が取り付けられた心電計について医師に尋ねました。
「どうして、このスクリーンの線はまっすぐじゃなくて、山と谷の繰り返しなんですか？」
医師の答え、「もし、線がまっすぐになったら、死んでしまったってことですよ。線が上がったり下がったりしているってことは生きている証拠です」。

「我らの偉大な医師（イエス）」が私たちの精神生活のアップダウンをお許しになっておられるのも同じです。それは私たちが自らの信仰を鍛え、神の似姿《にすがた》へと近づき続けることができるためのご配慮です。通り過ぎてゆかなければならない深い谷間がなければ、決して頂上にはたどり着けません。

神は最も緊迫した状況、忍耐がくずれ落ちそうになる限界点、暴風のまっただ中におられる。見方を変えれば、絶望こそが事態の核心である。神などいないとしか思えない日々、

神から何も答を与えられない日々、そこを通ってゆく覚悟ができているなら、絶望は祈りの始まりとなる。そこには多くの言葉はない。こう声を上げるばかりだ。「あなたなしには生きていけないのに、どうして神様、あなたはこんなに酷く、そして沈黙し続けられるのですか」。これを知っていなければ、死しかない。これを知ってはじめて、神がおられる場所へと突破してゆけるのだ。

――アントニイ・ブルーム府主教

3　神は私たちを完全な者へ変え続ける

十分な信仰がありさえすれば神はどんな病気でも直してくれ、これ以上苦しむことは何もないだろう、そう言う人がいます。そんな人たちは神の言葉にもっと近寄ってゆかなければなりません。

「わたしが弱いときにこそ、わたしは強い」（コリント後書12・10）

「わたしの力は弱いところに完全にあらわれる」（コリント後書12・9）

もはや苦難も苦痛も死も無くなるのは「神の国」が完全な形で打ち立てられた時です。その時まで神は私たちを完全な者へ変え続けます。

ベッドで痛みに悶えながらラルフ・エルスキンは言いました。

「これまで生きてきた中で、今ほど神について多くのことを知り得たことはありません」。

日本人のクリスチャンである賀川豊彦は、視力が次第に失われてゆくのに直面して、何を知ったのでしょう。彼は叫ぶように言っています。

「暗黒は誰も僕から奪うことのできない至聖所《しせいじょ》だ。この暗黒の中で私は神と面と向かって出会う」。

そして私たちは、ヘブル書に驚くべき記述を見いだします。イエスの生涯を要約して書かれたこれまでの言葉の中で、最も大胆なものの一つに違いありません。

「彼は神の子であったにもかかわらず、さまざまな苦しみによって学んだ」（ヘブル5・8）

ヘブル書の二章十節には神は主を苦難によって完全なものとしたとあります。

偉大なファンタジーの作者ジョージ・マクドナルドは書いています。

「神の子が死に至るまで苦しんだのは、人の苦しみのためではなく、人の苦しみをご自分の苦しみ

と同じものとするためだった」。

暗黒の中で私は神と面と向かって出会う。 ――賀川豊彦

4　へりくだって神にすがること

シリアの聖イサアクがこう言っています。

「小さな高慢が人の心に忍び込み、自分を大した者と思い始めると、恵みはそれを見てとる。そして、いくつもの誘惑がただちに彼に臨み、力を強め、彼を支配してしまうのをあえて見過ごしにする。それは、彼が自分の弱さを知り、誘惑を振り捨て、へりくだって神にすがるまで続く。これらの試練を通じて、人は神の子への信仰と希望のうちで完全な人間の像に到達し、愛の内に上げられる。

なぜなら人は、神の人への驚くべき愛を絶望的な状況の中ではじめて知るからである。神はそこ

で彼を救い、その偉大な力を示す。安楽でゆったりした場所にいる限り、人は決して神の力がいかなるものか知り得ない」。

聖イオアンネス・クリュソストモスも同じことを語っています。

「神の驚くべき愛は、絶望的な状況の中でこそ知られる。そこで神はその力を示す。」

女輔《ほ》祭《さい》（輔祭は正教会における神品（聖職者）の職分のひとつ。主教・司祭の補佐をする。）オリンピアスへの手紙で、クリュソストモスはこんなことも言っています。

神は災いがやってきたその当座は私たちに手を貸さないが、なすすべ無い絶望的な状況に達すると、突然に暗闇と荒れ狂う嵐の中から、「波の上を歩いて」やってきて、平安と静けさをもたらしてくれる。このようにして神は私たちにその偉大な力を示し、状況がどんなに絶望的に見えようとも私たちを救ってくれる。

セーレン・キルケゴールはこう述べます。

「神はすべてを無から創造する。そして神に用いられる私もまずいったん無へと還元される」。

安楽でゆったりした場所にいる限り、
人は決して神の力がいかなるものか知り得ない。

――シリアの聖イサアク

5　死の陰の谷をゆくとき

「よき羊飼い」として、イエスは常にその羊たちと共にいます。「……彼は羊の先頭に立ってゆく、……羊は彼について行く」（ヨハネ10・4）。

たとえ死の陰の谷を歩んでゆく時でも私たちは、主が共にいて下さるのでわざわいを恐れません。

主は決して私たちを谷間に留めたままにせず、いつもその谷間を通って、私たちのために用意された特別の場所に導いてゆきます。

ここで用いられている前置詞は死の陰の谷「の中を（in）」ではなく「通って（through）」です。羊飼いであるキリストが導いてくれること、そして主は人を死の陰の谷に留めたままにせず、谷間の道を導き、よりよい場所へ到着させてくれることを信じれば、とほうもない慰めが与えられます。

第二三詩篇はすべての人々に慰めを与えますが、とりわけ病や悲しみにある人々を慰めてくれます。それはどんな時でも、どんな所でも、苦難を負う人々が最も好んで祈る祈りの一つです。

たといわたしは死の陰の谷を歩むとも、わざわいを恐れません。
あなたがわたしと共におられるからです。
あなたのむちと、あなたのつえはわたしを慰めます。
——（詩篇23）

6　実りをもたらす傷

あるリンゴ栽培者《づくり》が、リンゴの木を見せてやろうと、友人を果樹園に連れ出しました。彼は一本のリンゴの木を示しました。実がたわわに実って、支柱でその重い枝を支えてやらねばならないほどでした。次には、そのリンゴの木と同じ品種で同じくらいの大きさだけれど、ほとんど実のついていない木を見せました。

リンゴ栽培者《づくり》は「違いがわかるかい」と尋ねました。友人にはわかりませんでした。一方がもう一方よりはるかにたくさんの実をつけているほかには、何の違いもなさそうでした。すると、リンゴ栽培者はよく実ったほうの木の幹にいくつも鋭い傷があるのを見せて、こう言いました。

「なぜだかわからないんだけどね。木が実をなかなかつけてくれない時には、傷をつけてやるんだ。そうすると実り始めるのさ」。

これは人生にもたとえられます。なぜだかわかりませんが、苦難は人生を今まで以上に実りあるものにしてくれます。レフ・トルストイは言いました。

「この世を前進させてきたのは苦難を受けた人たちだった」。

わざわざ苦難を求める者は一人もいません。それに耐えているあいだ、幸せだと感じる人は一人もいません。

私たちの主でさえ、十字架に直面したときに祈りました。

「父よ、みこころならば、どうぞ、この杯をわたしから取りのけてください。」（ルカ22・42）

しかし、十字架を通じて、最も偉大な神の贈り物が私たちにもたらされました。永遠の救いです。

十字架によりて、歓喜《よろこび》は全世界に臨めり。

――正教の主日の早課（朝の祈り）から

7 まわりを掘って……

ルカ福音書の十三章六節から九節に、こんなたとえ話が語られています。

イチジクの木を植えた主人が三年たって、実りを確かめに帰ってきました。ところが何も実って

いないのを見て、主人は園丁に言いました。「その木を切り倒してしまえ。何のために土地を無駄にふさいでおくんだ」。しかし園丁はこう答えました。

「ご主人様、ことしも、そのままにして置いてください。まわりを掘って肥料をやってみますから。それで来年は実がなるかもしれません。もしそれでもだめでしたら、切り倒してください」。

しばしば神は「落ちこみ」を利用して、何も実らせない私たちの魂のまわりを掘り、実りをもたらす助けとします。神は私たちのまわりを掘ります。それは、神が私たちの人生に打ち立てようと望んでいる大聖堂の礎石を据えるためなのです。

その次には、おお主よ、最も深く暗い深淵でこそ、あなたは見いだされることを、私は学ばねばならなかった。そして、あなたを見いだした者は、それにより最も高く明るい高みへと上げられることを。

——マルコム・マゲリッジ

8 神の愛を決して疑わない

ある若者が十五歳の時、転倒して背骨を折りました。四十年間ベッドに横たわり続け、わずかに体を動かすにも、大変な思いをしなければなりませんでした。激しい痛みに襲われなかった日は一日もありませんでした。しかし彼はすばらしいクリスチャンでした。彼は神の恵みが彼の求めをすべて満たしてくれることを発見したのです。彼の所へたくさんの人がやってきました。その明るい性格と、主への大きな愛がいつも彼らの心を新しい勇気で満たしてくれるからです。

ある日、やってきた友人が訊ねました。

「悪魔は君に神への疑いを吹き込むようなことはないの」。

「あるさ。悪魔は神の摂理に疑問を持たせようと躍起だからね。ここで横になったまま、昔の級友たちが家族で楽しそうにドライブしているのを見るのは、つらいよ。時にはサタンが囁くんだ。『主が善いお方なら、どうして君をここに釘付けにしたままなんだね。どうして君が背骨を折った時、それを見過ご

しにしたんだろう』」。

友人は訊ねました。

「そんな疑いの種を悪魔にまかれた時は、君はどうするんだい」。

病人は勝ち誇って叫びました。

「悪魔をあしらううまい方法を見つけたんだ！　悪魔の目をカルバリー《ゴルゴタ》の丘に向けさせてね、私の救い主の傷を見せる、そして言う。『このお方は私を愛していないでしょうか』って。彼は何も答えられずにいつも退散するよ」。

「ご自身の御子をさえ惜しまないで、わたしたちすべての者のために死に渡されたかたが、どうして、御子のみならず万物をも賜わらないことがあろうか」（ローマ8・32）。

悪魔の目をカルバリー《ゴルゴタ》の丘に向けさせてね、私の救い主の傷を見せ、そして言う。

『このお方は私を愛していないでしょうか』って。

9　苦難が持つ救いの力

神は苦難と苦痛を用いて、人の生き方から不純物を洗い流し、ただ神お一人に自分を委ねるよう教えます。私たちの偉大な救いは復活への信仰からもたらされます。神・父はイエスを復活させたように、私たちも復活させます。これはクリスチャンにとって最も重大な事実です。聖使徒パウロはこう言います。
「わたしは思う。今のこの時の苦しみは、やがてわたしたちに現されようとする栄光に比べると、言うに足りない」（ローマ8・18）。

アルベルト・シュヴァイツァーはこうも言っています。

かつて過ごした穏やかで満ち足りた幸せな日々、楽しかった時を振り返ってみよう。
もしあなたの全人生がそのような日々の連続だったとしたら、どんな結果になっていたか知っているだろうか。わがままで思いやりのない孤独な者に、より高い事柄、清らかなもの、そして神に

は何の関心も示さない者になっていただろう。そして、けっして祝福を感じない者に。あなたが、「人は自分自身のために生きるのではない」ことに最初に気づいたのは、いつだっただろう。……苦難の時だ。

憐れみの祝福がはじめてあなたに慰めをもたらしたのは、いつだっただろう。……苦難の時だ。

あなたに冷淡な人たちを心から身近に感じたのは、どこだっただろう。……苦難のただ中だ。

神が近くにいてくださることをどこで感じただろう。……苦難のただ中だ。

天に父を持つことがどれほどの祝福かを最初に悟ったのはどこだっただろう。……苦難のただ中だ。


神さま、私はかつて一度も私の茨についてあなたに感謝したことはありませんでした。私のバラについては千回もあなたに感謝しましたが、私の茨には一度たりとも。私は自分が背負ったいくつかの十字架に見合った見返りが与えられる、新しい世界がくるのを心待ちにしてきました。しかし十字架そのものを、今この時の栄光として考えたことは一度もありませんでした。主よ、神の愛よ、その人としての生き方がついに苦難によって完成されたお方よ、あなたは私に、私の茨の価値を教えてくれます。……そして、その時、私の流した涙は虹となったことを知るでしょう。苦しみを受けてきたことは、私には善いことだったと、心から言うことができるでしょう。

――D・D・マセソン

10 手作りのショール

ある人が書いています。

七週間、息子の化学療法のため病院に通った頃、ある日待合室で、車いすに乗った婦人に気づきました。心のどこかに、彼女と話してみたいという思いが生まれました。そこで声をかけたのですが、彼女は話に乗ってきません。少しとまどいましたが思い切って訊ねました。

「神さまがあなたをどれほど愛しているかご存じ?」

彼女は頭を振りました。私は車いすの彼女の傍らにひざまずいて、神の愛について話しました。しかし彼女は顔を背けつぶやきました。「信じられないわ」。

その夜、私は彼女のために祈り、どうすれば彼女の心を動かせるか、神に訊ねました。神は少しずつゆっくりと答えてくれました。

「宗教的なことに引っ張っていってはならない。衣装棚の一番上にある手作りのショールを持って

行って、彼女にかけてあげなさい。そして言ってあげなさい。肩にかかっているのはほんとうはショールじゃなくて私の腕だと。私の愛で彼女を包み込んでやりなさい」。

次の日、私はそのショールを彼女の肩にかけてやり、どういういきさつでそのショールを持ってきたのか話しました。彼女は驚いた様子でショールにふれ、しばらく黙っていました。そして目を私にあげ、涙を流しながら囁くように言いました。

「信じるわ。神さまの祝福があなたにありますよう」。

落胆から私たちを癒すのは祈り、神への希望、聖書の観想、そして神を愛する人々と共に生きることだ。

——聖イオアン・カシアン（写真）

11　神は気にかけてくれているんですか

悲しみにくれる父親がある日、神父に言いました。

「一昨日《おととい》、あなたは私の息子を埋葬しましたね。息子はすべてでした。大切な息子の体といっしょに私の心も埋められてしまいました。……神父さんの意見や、希望や、また何を信じているか、そんなことに関心はありません。ただ、あなたは神について何かを知っているのか、それとも知らないのか、言ってください。神は私たちを気にかけてくださっているんですか。私の息子が死んだことで、神にとって何か変わりましたか。教えてください、あなたの名誉にかけて。あなたはそれについて何を知っているんですか」。

司祭は、強い、しかし奇妙なほどに静かな声で、悲しみにくれる父親に答えました。

「意見でも、希望でも、信じていることでもなく、『知っていること』をお話ししましょう。神はあなたたちを気にかけてくださっています。私はそれを知っています」。

「どうして、そんなことがわかるんですか」と父親は訊ねます。

「それは、神ご自身もまた、たった一人の息子を失ったからです。神は十字架で息絶えた息子、何の罪もない息子の死を見ていました。一人息子を失うことがどういうことか、神は知っておられます」。

ご自身の御子をさえ惜しまないで、わたしたちすべての者のために死に渡されたかたが、どうして、御子のみならず万物をも賜わらないことがあろうか。　――ローマ書8・32

12　私の空っぽのコップ

ある若い婦人がこう書いています。

数年前、私は深い絶望感に落ちこみました。心を休ませなければと、入院しました。夫をガンで亡くしたばかりだったのです。夫も医師たちも何年も果敢に病気と闘ったすえのことです。私はしばしば襲いかかってくる悲嘆に完全に飲み込まれそうになりました。悲嘆は私の存在全体を言いしれぬ孤独感と、深い悲しみで満たしました。

入院した次の日、私は病院付属の礼拝堂に降りてゆき、長いすの間に滑り込み、ひざまづきました。そして祈ろうとしました。しかし言葉がなかなか出てきません。最後には、もうそれ以上、言葉を探すのはやめてしまいました。ただ、小さな礼拝堂の静けさの中でひざまづき続けました。

しばらくそうした後、立ち上がり、部屋へゆっくりと歩いて帰りました。部屋には私が出ていた間に届いた一通の手紙が置いてありました。封筒を開けてみると、友人のウィルマからのお悔やみ状でした。そこにはグレイス・ノル・クロウェルの言葉が紹介されていました。その言葉は、彼女が私に言いたかったすべてを尽くしていました。


愛する子よ、神は今日は「強くあれ」とはおっしゃらない。あなたが力つきてしまったことをご存じだから。ここまでの道のりがどれほど長いものだったか、あなたがどれほど疲れているかご存じだから。低い沼地をぬう道を、でこぼこの丘をゆく道を……、この地上のいろんな道を歩いたお方・イエスにはおわかりになる。そしてこうおっしゃるだろう。「じっとしていなさい。そして私を神として受け入れなさい」。

もう夜も更けた。少し休まなければならない。そして待とう。しとしと降る雨が、庭に置き去りの空っぽのコップをいつの間にか水で満たすように、あなたのいのちの容れ物がいっぱいになるまで。愛する子よ、コップを両手で静かに支えていなさい。神さまがそれを満たしてくれる。今日、神さまがあなたに求めているのは、コップを持ってじっとしていること、それだけだ。

私がまさに必要としていた言葉でした。その後の日々、神さまはほんとうに私のコップを少しづつ満たしてくれました。

夜は、光を信じるためには、最もよい時である。

13　「落ちこみ」に意味を見いだす

「落ちこみ（鬱《うつ》）」へのうまい対処法は「落ちこみ」に意味を見つけることです。落ちこみを助長する大きな要因の一つはどんなことであれ「意味を見失うこと」だからです。ソフロニイ神父は、落ちこみを「救いへの関心の喪失ともいうべき重篤《じゅうとく》な霊的苦悩」とまで言っています。

ある奥さんは、落ちこんでしまったご主人にこう言ったことがあるそうです。

「『何のために生きているのかわからない』ですって？　……。住宅ローンは残っているし、車のローンだって。洗濯機の月賦もまだ終わってない、テレビだってそうよ」。

　彼女は夫を何とか元気づけたくて、仕遂げなければならない多くの未完成の課題を思い起こさせ、それによって彼が生活に意味を取り戻すように促したのです。
神は、もし人が神を信頼し神と協働するなら、あらゆるものを善い結果へと利用します。「落ちこみ」もその一つなのです。「落ちこみ」は、私たちを促して、人は「死ぬもの」であるという現実へ立ち向かわせます。とりわけ老年期には……。「落ちこみ」は、最後には人を自己卑下から立ち上がらせ、多くの知恵と愛を受容し、ほんとうの自分を生き始めることを助けます。「落ちこみ」は心に、神のための場所、祈りのための場所を確保することを助けます。

　しかしそれは、たとえ「落ちこみ」のつらささえも神の目的に仕えさせることができると信じ、それをお示しになる神を心に受け止めたときに限ります。

14　高いところ、低いところ

私の前に何が待ち受けているか、私は知らない。しかし満足している。私の過去の神は未来の生活の神でもあることを知っているからだ。

――D・デイヴィス

雲の上のような幸福感の絶頂にいる時も、覆い尽くす雲の下の暗やみにいる時も、人生には高いところと低いところが混じり合っていることを、覚えていましょう。

神は、他の方法では決して学べない貴重な教訓を与えるために、私たちが人生の低いところを経験していても、あえてそのままになさいます。ニクソン大統領の前協力者チャールズ・コルソンが投獄されて「最低の地点」にいたとき、神は彼の最も高い使命、将来の、監獄で囚人たちの魂を導く教戒師の全国組織の設立者、またそのリーダーとしての働きを準備していたのです。

イブリン・アンダーヒルは「荒れ地を通り越していかない限り、約束の地には誰も到達できない」と言っています。

誰でも時には落ちこみます。その時それにどう対処するかが、その後の人生を決定します。落ちこむたびに、新しいステップを踏んであがってゆくのです。

荒れ地を通り越していかない限り、約束の地には誰も到達できない。

――イブリン・アンダーヒル

15 根が深ければ深いほど、実りは豊か

「落ちこみ」は長い目で見れば私たちを強くしてくれます。

湿地帯に育つ木は地下深くまで根を張る必要がなく、大部分は水の上に露出しています。だから嵐が来れば簡単に倒れてしまいます。砂漠に育つメスキートという植物は反対に、根を地下四十~五十フィートの、水分のある地層まで伸ばしていかなければなりません。だから嵐が来てもびくともしません。同様に、落ちこみは深く強い霊的な根によって神に碇《いかり》を降ろすことを助けます。その碇は人生において嵐が吹きあれる時にもしっかりと私たちを支えてくれます。

おいしいサクランボが実るためには、美しく薫り高い花がまず最初に散らなければなりません。

落ちこみには目的があるのです。それは信仰を深め、人を鍛錬し、主のためにより多くの、より豊かな実りをもたらすことです。

落ちこみは深く強い霊的な根によって神に碇を降ろすことを助けます。

16 生活は谷間で営まれるもの

ある女性が彼女の叔母さんの堅実な知恵を紹介してくれました。

妹が「きらめきいっぱいでウットリ……」の週末から戻ってきたの。わくわくするパーティ、魅力的な人たちとの新しい出会いが彼女をとりこにしたみたい。でも、すぐにぼやき始めたのよ。「それにひきかえここに帰ってくれば、単調な仕事の繰り返し、ぱっとしない部屋、おきまりの友人たち……」って。するとね、私たちの叔母さんがやさしく声をかけてきたの、「ねえ、お若いレディ……」って。「だれも山の頂上にはずっと住んではおられないわ。たまに登ってゆくのは悪くはないわよ、インスピレーションや、別の角度からの新鮮なものの見方をつかむためにね。でも、必ず下りてこなくちゃいけないのよ。人は谷間で生活するものだから。そこには農場があり、牧場があり、果樹園があるの。鋤で耕したり、いろんな仕事をしなければならないわ。山の頂上で見たビジョンを、そこに投げかけてゆく場所が私たちの日常生活の場、谷間なのよ」。

弟子たちは主が変容した「高い山」に留まり続けたいと切に願いました（マルコ9・2〜8）。しかし、イエスは彼らを率いて谷間へと下りてゆき、そこでてんかんに苦しむ子を癒しました。ハンス・フォン・バルタザールはイエスにこう言わせています。

> 見なさい。これが私の秘密だ。天にも地にも、これ以外のものはない。私の十字架は救いだ、私の死は勝利だ。私の暗黒は光だ。

17 弱さから強さに

ある成功した実業家が病気で倒れたときのことを書いています。

病院に運ばれた彼は、すっかり落ちこんでしまい、今夜の内にも自分は死んでしまうだろうと感じま

した。彼は妻と子供たちに別れの手紙さえ書きました。

彼は言っています。

「朝がきた。しかし私は、まるで日よけの幕に取り囲まれているかのようだった。希望は全く感じられず、心は真っ暗だった。

そのとき、階下のホールの方から遠く歌声が聞こえてきた。院内の礼拝堂で看護婦たちが『うき世のあらなみ（God Will Take Care of You）』（讃美歌315）を歌っていたのだ。聞いているうちに、突然私の中で何かが崩れ落ちていった。私は神に完全に自分を引き渡した。神に言った。『主よ、私には何もできません。どうか、私をお引き受けください（take care of me）』」。

彼はさらにこう続けます。

自分をまったく神にあけ渡してしまったとき、「暗闇は潮が引くように去った。誰かがカーテンをさっと開け、部屋中の灯をつけたかのようだった。病室は光線であふれ輝いていた。私の思いも、私の心もすべてが新たにされていた。幸福だった。かつて全く知らなかった、またそんなことはあり得ないと思っていた力が、流れ込んでくる体験だった」。

彼は発見したのです。もし打ち倒された者が、自分自身にはもう何も力が残っていないことを悟り、信じて神に自分を引き渡せば、そこに超人間的な力との出会いが起きることを。

金属部品は、最も弱い箇所で二つに割れてしまっても、溶接されると、その箇所は今度は最も強い部分になります。それと同じように、よみがえられたキリストの力は、私たちがかつて最も弱かった所で、私たちを最も強い者にすることができます。

よみがえられたキリストの力は、私たちがかつて最も弱かった所で、私たちを最も強い者にすることができます。

18 魂の闇

この世は偶然に支配されているなどと、一瞬でも考えてはなりません。あなたの魂を闇が覆い尽くしているときでもなお神は支配者であり続けます。神は依然として全能者（パントクラトル）です。一切を

御手の内に掌握しています。その玉座から。

「愛する者たちよ。あなたがたを試みるために降りかかって来る火のような試練を、何か思いがけないことが起ったかのように驚きあやしむことなく、むしろ、キリストの苦しみにあずかればあずかるほど、喜ぶがよい。それは、キリストの栄光が現れる際に、よろこびにあふれるためである。」

（ペテロ前4・12～13）

あなたが人生の闇夜にいるときも神は働いています。神は一くれの粘土をとって、ご自身の似姿へとあなたを造り続けておられるのです。

何か危機に直面したとき、心が重くうちひしがれているとき、歌を歌うのは容易なことではありません。しかし、神はたとえ苦難のまっただ中でさえ、私たちに歌を与えてくれます。イエスとその弟子たちはゴルゴタへの道で歌わなかったでしょうか（マタイ26・30「彼らは、さんびを歌った後、オリブ山へ出かけて行った。」）、パウロとシラは深夜の監獄で歌わなかったでしょうか（使徒16・25「真夜中ごろ、パウロとシラスとは、神に祈り、さんびを歌いつづけたが、囚人たちは耳をすまして聞きいっていた。」）。

人生は太陽の光を一身に浴びるヒマワリのようではなく、一部は草陰の中に一部は木漏れ日を受けて咲くスミレのようなものです。真昼があるように真夜中もあります、しかしキリストが復活なさったからには、どんな真夜中も真昼へ向かっての夜です。

「この世では悩みがある」とイエスはおっしゃいました。

「しかし、勇気を出しなさい。わたしはすでに世に勝っている」（ヨハネ16・33）。

だから歌いながら歩んでゆきましょう。救いの歌、希望の歌、愛と喜びと平和の歌、永遠のいのちの歌を。歌声を絶やすものですか、私たちの歌声が、神の「こひつじ」を讃えて歌う天上の大詠隊の歌声と一つになるまで、いつまでも、いつまでも……。

祈り

主よ、感謝します。あなたは私たちの心に歌を置いてくださいました。あなたの愛の歌、あなたの復活の歌、あなたの臨在の歌、あなたの赦しと永遠のいのちの歌。人生を暗い影が蔽うときも、パウロとシラが深夜の監獄で歌ったように、私たちにも歌声を上げさせてください。主よ、知っています。あなたの復活によって、私たちもまたこの世を克服したことを。あなたは私たちの深夜を暁に変えました、敗北を勝利に変えました、落胆を希望に変えました。アーメン。

人生は太陽の光を一身に浴びるヒマワリのようではなく、一部は草陰の中に一部は木漏れ日を受けて咲くスミレのようなものです。

19 「下降、前進、高原」理論

ある心理学者たちは、「低調な日々」は無駄ではなく、それどころか成長と成熟を助けてくれると、確信しています。成熟への成長はまっすぐの上昇過程の結果として起こるものではありません。

しばらくの間、何も特別のことが起こらない高原を進みます。そこに、突然、困難な問題が立ちふさがり、心から潮が引いてゆきます。希望が何も見えない状態がしばらく続きます。しかし「落ちこみ」が底を打ったとき、彼ははっと気づき、何とか対処しようと決心します。ゆっくりとした前進と上昇が始まります。自分自身について前より多くのことを知ります。そんなこと無理だと思っていたような困難も克服されてゆきます。やがて以前よりも少し高い平地へ到達します。そして次の高みを目指すための、ひとまずの安定状態に落ち着きます。

成長はこのように三つの方向で起きます。「下降、前進、そして高原」です。この理論によれば気分の落ちこみは成熟を助けてくれます。

気分の落ちこみは成熟を助けてくれます。

20 神は大聖堂を建設中

ある修道女が「落ちこんで」しまい、有名な精神科医ヴィクトル・フランクル博士に会いに行きました。フランクル博士の確信はどんなことであれ、もしそれに何らかの意味を認めるならば、人は人生のどんな苦難にも耐えられる、ということでした。医師の仕事はその意味の発見を手助けすることだ、と。

博士は彼女が「落ちこみ」をくぐり抜けて行けるために、こんな話をしました。

大聖堂の建設では、基礎を掘るために多くの時がまず費やされます。じっさい、一体いつ建物が建つんだろうかと怪しまれるほどの長い時間が費やされます。

博士は彼女に言いました。「神はひとりひとりの人生に聖堂を建設したいと望んでいます。そのために、まず「落ちこみ」によって地面を掘削しなければならないんですよ……」。

修道女は自分の落ちこみに意味を見いだしました。帰りがけに彼女は博士に言いました。

「私の人生のために、神さまにその仕事をやりとげてもらわねばならないんですね。それには意味があるんですね。神さまは聖堂を建てようとしているんだわ。私の人生でお仕事中なんですね」。

彼女は落ちこみから立ち直りました。

……主が私の伝道の使命により大きな祝福を与えようと準備しているときには、いつも「落ちこみ」が私を襲ってくる。雲は晴れる前にいっそう暗くなる。恵みの雨が降り始める前にもっとも重苦しいものになる。「落ちこみ」は今や私にとって、荒布をまとった預言者、洗礼者ヨハネのようなものだ。彼は主のより豊かな祝福が間近に迫っていることを布告したではないか。

――C・H・スポルジョン

21　教育的な亡失感

神が、姿をお隠しになってしまったように見えるときがしばしばあります。「神さまに見捨てられた」という思いが私たちをとらえます。

オリゲネスはこの遺棄の感覚を次のように描写しています。

そして彼女（旧約聖書「雅歌」の花嫁）は、ひとたび現れてそして消え去ってしまった花婿を焦がれ、探す。これは「雅歌」の中でたびたび繰り返される。同じことを経験した者ならだれでも、これをよく理解できる。しばしば（神が証人だが）、花婿が私のすぐそばまで来て、これ以上近づけないほどの近くにいてくださるように感じることがある。そして、前ぶれなしに突然去っていき、探し求めていたものは、かき消えてしまう。再び、私は彼の到来を待ち焦がれる。時には彼は舞い戻ってきてくれる。すると私は現れた彼を両手に抱きしめるが、またもや彼はするりと逃げ去ってしまう。

消え去った彼を再び私は探し始める……。
これは、私が彼をほんとうにしっかりととらえ、その最愛の者に寄りすがって立ち上がるまで、繰り返し続く。

フォティケの聖ディアドコスはこの現象を「教育的な亡失感」と呼びます。神はご自身への私たちの信仰と渇きを試しているのです。神は、人には信仰が必要であるという真実を守るため、ご自身の存在の絶対的な証拠はお示しになりません。

「教育的な亡失感」は決して神的な光線の霊を奪い去らない。ただ、魂がもっと前へ進んで行けるように、……大いなる畏れと神の助けを求める大いなる謙虚さを頼みとするように、恵みはその存在を隠すだけである。それは子がいつもの決まり切った給餌に逆らうのを見て、しばらくの間、懐《ふところ》から子を引き離す母鳥に似ている。人間や獣たちの恐ろしさを身にしみて知って、母の懐を求めて巣に戻ってくるようになるためである。……「教育的な亡失感」は魂にへりくだりを、悲しみと適切な絶望感をもたらす。それは栄光を追い、たやすく高ぶってしまう魂が、謙遜さに立ち返るためである。そのとき心は直ちに、神への畏れへと、涙へと、そして沈黙の美しさへの強い求めへと導かれる。

神はご自身への私たちの信仰と渇きを試している。

――聖フォティケのディアドコス

22 消耗

いろいろなことが「落ちこみ」の引き金となります。その内のあるものは現実のもの、あるものは想像の中にしかないものです。人からの拒絶、孤独、失業、経済的不運など、じっさいには自己の過失ではないものにさえ、人は罪責感を持ち、落ちこみます。落ちこみをもたらすのはこれらの出来事そのものではありません。むしろそれらへのその人の反応です。人生はその10%はあなたに起きたこと、残り90%はあなたがそれに対してどう応答したかにかかっています。

陰気なデンマーク人、セーレン・キルケゴールはずっと昔に、「落ちこみ」は愛する者との死別よりむしろ、その現実に自分を消耗させていくことで生じると指摘しています。

私たちは、失ってしまったものを頼みとして、どう生き続けようというのでしょう。そのあがきの中で、

自分自身の存在全体がおびやかされます。

「落ちこみ」は自分への完全なとらわれ、自分の惨めさへの果てしない「はまり込み」です。神と他者へと目を転じることを助けてくれる友人が必要です。

人生はその10％はあなたに起きたこと、残り90％はあなたがそれに対し、どう応答したかにかかっています。

23　二十三詩篇を祈る

ある婦人が大手術を控えていました。彼女は怖くてたまりませんでした。主治医は最高の医師でした。彼女はそれをよく知っていました。多くの友達が彼女のために祈ってくれていました。それも彼女はよく知っていました。しかし、それでも彼女は怖かったのです。友人たちは彼女の教会の司祭を呼びました。司祭は祈りました。しかし、それでもなお彼女の強い怯えはおさまりませんでした。司祭は、それを見て、二十三詩篇を読んでみてはと、すすめました。彼女は言われたとおりにしました。何度も何度もこの詩篇を祈りました。

とうとう、彼女の恐れは、おさまりはじめました。

手術の後、彼女は司祭に言いました。

「『主は我が牧者』（23詩篇）を何度繰り返して読んだかわかりません。たぶん何百回でしょう。ほんとうに神が私と共にいてくださることが感じられました。私は神の病んだ子羊の一匹であり、神は私をしっかりと両手で抱いていてくださっている、それを感じさせてくれました。恐れは消えていました」。

私の生きている限りは、必ず恵みと慈しみとが伴うでしょう。
私はとこしえに主の宮に住むでしょう。
――二十三詩篇

24 嘆きは成長へとみちびく

ある人が「嘆き」の過程を、人が家を出て新しい土地へゆき、再び、より大きくなった自分として帰っ

てくる「旅」と表現しています。

誰でも人生で苦難を受けます。もし、その苦難が信仰とともにあれば、霊的成長をもたらします。復活の喜びを体験できるようになるためには、十字架の苦痛と悲しみを耐えなければなりません。嘆きの時を通り過ぎた者は、以前とまったく同じ人間ではあり得ません。苦難は私たちに人間的成長と豊穣を与えます。

じっさい、苦難を受けたことのない者、悲しみの印がどこにも付いてない人は貧困です。ポーラ・ダルシーはこれを著書『友だちが嘆いているなら』の中で的確に表現しています。

嘆きはずっと私にとって偉大な教師である。その主要な贈り物は、神への信仰に留まらせてくれること、人生の「この今現在」のとても深い大切さに気づかせてくれること、そして自分の日々の選択の決定的な意味深さを教えてくれることである。それらによって、私は人生を肯定するか、しないかの瀬戸際に立つ。

嘆きは、神に対する希望以外何ものへも執着しないこと、何ものも拒絶しないこと、しかしすべてから学ぶことを教えてくれた。死によって、人はみな愛する者たちの存在を最後には失ってしまう。しかし愛は失い得ない。私を襲った嘆きがまさに、私を豊かにしてくれた。

私を襲った嘆きがまさに、私を豊かにしてくれた。

——ポーラ・ダルシー

25　苦痛を和らげてくれるお方

聖イオアンネス・クリュソストモス（図版イコン）はこう書いています。

どんな罪も主の寛大さをしのぐものではない。……姦淫であろうと、姦通であろうと。主の恵みと愛の偉大な力はこれらの罪をみな消し去ってしまい、罪人たちを太陽の光線よりもずっと明るく輝かせるに十分である。

キリストご自身が、すべての人類に向かってこう言っている。

「すべて重荷を負うて苦労している者は、わたしのもとにきなさい。あなたがたを休ませてあげよう」（マタイ11・28）。

主の招きは何と思いやりに満ちていることか。主の善良さは言い表しがたい。そして、見なさい、主が招いているのは誰かを。さまざまな形で律法を破り続けてきた者たち、罪を背負ってきた者たち、もはや顔を上げることさえできない者たち、恥ずべき自分のすがたに心をおおわれている者たち、もはや何も、たとえ一言でさえも口に出せなくなってしまった者たちではないか。

しかし主はなぜ彼らを招くのだろう。弁明を求めているのでも、裁判の場を設けようというのでもない。では、なぜ。

彼らの苦痛を和らげてやりたいから、彼らの重い荷を取り去ってやりたいから。罪よりも重い荷がかつてあっただろうか。主はこう言っているのだ。

「罪の重みで苦しむおまえを新たにしてあげよう。そして重い荷物に押しつぶされそうなおまえに、罪の赦しを与えたいのだ。わたしのところへ来さえすればいい」。

地獄にまで下った主が、私が主を呼び求める今このとき、闇の中で手探りでもがいている私を探しに、闇のただ中に来てくださる。

——オリビエ・クレマン

26 悪魔の最強の武器

悪魔は私たちを誘惑するために私たちの弱さを用いますが、なかでも「落ちこみ」をもっとも有効に利用します。

引退を決心した一人の悪魔についての説話を紹介しましょう。

彼は、これまで人を陥れるために使ってきた武器を、みんな売り払って処分してしまおうとセールを開きました。「憎しみ」、「羨望」、「欲情」、「偽善」などを目を引くように並べ、それぞれに値札をつけました。その中に群を抜いて高い値がつけられた武器がありました。客の一人、若手の悪魔が「どうしてこんなに高いんだ」とたずねると、彼は答えました。「この武器の名は『落胆《おちこみ》』といってね、オレの現役時代いちばん役に立った武器だったのさ。他の武器を全部繰り出してもこの武器一つにかなわない。その秘密はねえ、……人間には絶対言うなよ……、ほとんど誰もが、これがオレのものだって、これっぽっちも思わないからさ」。

教会のある偉大な聖人が、悪霊たちによく出会うと述べています。そのとき、悪霊たちとまるで人と話すようにおしゃべりするそうです。注目すべきは、悪霊たちが現れると決まって言うのは、「あなたは修行が実り、今や聖なる者だ」か、もしくは「おまえは決して救われない」かの、どちらかだということです。彼の魂を奪い去ろうと用いる悪霊たちの武器は「高慢」と「落胆」でした。……しかし「高慢」は確かに悪魔のとても有効な武器ですが、「落胆」の半分ほどの力しかありません。悪魔はユダにささやきました。「おまえの裏切りを主は決して赦さないだろう」と。そしてユダはそう信じてしまいました。キリストに赦しを願い出ようとさせなかったのは、その落胆でした。

彼を、また多くの人々を自殺に追い込んだのも落胆です。階梯者聖イオアンネスは「絶望した者は自殺する」と言います。犯してしまったのが神にも赦せないほどの大きな罪だと思い込ませて、悪魔はその絶望によって私たちを滅ぼそうとするのです。

あるスコットランド人作家がいみじくも言いました。「神に対する最悪の冒瀆《ぼうとく》は淫らな言葉でなされるのではない。最も冒瀆的な言葉は『もう望みがない』(hopeless)である」と。ある状況やまたある人物を「もう望みがない」と言うなら、あなたは神の面前でぴしゃっと扉を閉ざすことになります。これが落胆が七つの大罪の一つに数えられる理由《わけ》です。

神の憐れみには限度がない。それ以上に大きいものは何もないのだ。だからこそ、絶望する者はだれでも、彼自身の死をもたらす張本人となる。

——階梯者聖イオアンネス

27 無力から力へ

神と共にいないなら、「無力感」——「私は自分をどうすることもできない！」——は人を挫折感へと導き、次に絶望へと、さらに絶望は肉体的にも霊的にも自殺へと……。

しかし神とともにあれば、「無力」——「私は自分をどうすることもできない！」——は降伏（自己の神への引き渡し・完全な委ね）へと人を導きます。そしてそれは次に「よみがえり」へと、新たなる創造へと、キリスト・イエスとともにある新しいいのちへと導きます。

クリスチャンにとっては、無力さから生じる絶望でさえも実際の所は、もしそれが偉大な力の源である神への依存へと人を導くなら、「祝福された絶望」となります。

これを理解したある人が言いました。

「自分への絶望は恐れるべきものではない。それはむしろ祈り求められるべきものだ。私たち、疲れ切ってすべてのことに幻滅した世代にとって、絶望という祝福以上に偉大な祝福は求め得ないだろう。そこではじめて、究極的に私たちを救うことのできるキリストに出会うからだ」。

「私は自分をどうすることもできない」。

クリスチャンにとってはそうではありません。パウロが言いました。

「私たちが弱いとき、私たちは強い。」（コリント後書12・9～10参照）

弱さが私たちを神の力に依存させるなら、私たちはもはや敗北者ではなく征服者です。主にあって堅く立つなら、どんな無力さも私たちを弱いものにしません。

悪魔の用いる最も有力な策略の一つは、怠惰によって心を弱らせ、それによって霊と身体のすべての力を衰弱させてしまうことだ。そうなってしまうと、信仰も希望も、そして愛も心から干上がってしまう。信仰は失せ、落胆の日々を過ごし、神へも人へも無関心になってしまう。塩はその味を失う。

——クロンシュタットの聖イオアン

28
「どうして自殺しないの？」

ヴィクトル・フランクル博士は、ひどく落ちこんでいる患者にしばしば、「あなたはどうして自殺しないんですか」とたずねました。フランクル博士はナチスの強制収容所の恐怖を経験した人です。生命を粗末に考えるような人ではありません。

彼が望んでいたのは患者たちに自分の落ちこみに意味を見つける手助けでした。患者たちがなお生命にしがみ続けている理由を発見する手助けです。


彼らはその絶望にもかかわらず、なぜ生きている方を選ぶのでしょうか。

博士はやがて気づきます。ある者は自分の子供たちを愛しているから生きる方を選びます。また別の者たちはその宗教的な信念によって苦境に耐えます。他にもさまざまなたくさんの理由がありました。そのどれもが患者を奈落の底から逃れさせるひとすじの導きの糸でした。その答えはいずれもみな、人が新しい人生へと立ち上がるための、最後に残った「意味」でした。

どんなに落ちこんでいてもなお、あなたに生きることの方を選び続けさせる理由に、焦点を合わせなさい。イエスに焦点を……。

29　神に彫り出される

神は、彫刻家が大理石から切片を削り取ってゆくように、私たちをコツコツと削ってゆきます。神は悲しみという鑿《のみ》、人間的な弱さと脆《もろ》さという鑿、病気という鑿を用います。聖使徒パウロの場合がそうでした。彼は肉体に刺さったとげを取り除いてくれるよう、三度神に願いました（コリント後12・7）。しかし「わたしの力は弱いところに完全にあらわれる」（同12・9）というのが神の答えでした。

神は落ちこみさえ鑿《のみ》として用います。私たちを愛し、配慮し、完全にすることを望んでいる神には、目的に適《かな》うなら、どんなものも理に適う道具とし、それに意味を与えます。

神は私たちがどう生きていても愛してくださいます。しかし、私たちを今の私たちのままにしておくことは望みません。だから鑿を振るい続けるのです。神の望みは、私たちの内に神の像を彫りだし、ご自身の黄金の似姿を形作ることです。

あなたが望まない限り、あなたはキリストから決して切り離されない。

30 落ちこみと聖人たち

落胆・落ちこみは霊的な弱さの徴候《しるし》だと感じるクリスチャンがいます。キリストにすべてを委ねる「ほんものの信仰者」なら日々明るく、落ちこみや感情の起伏などあり得ないと決めてかかるのです。落胆する人は信仰が足らず神への委ねが不十分なだけと、彼らは信じています。

聖書を読みさえすれば、最も偉大な聖者たちでさえ感情の起伏に苦しんだことが知られます。たとえば詩篇は、神が「その顔を自分から背けた」、「遠く離れ去った」、「自分のことなど忘れてしまった」としばしば嘆きます。神の臨在も、神の眼差しもまったく感じられない「暗黒」を訴えます。ダビデ王は叫んでいます。

「主よ、わたしは深い淵からあなたに呼ばわる」(詩篇130・1)。偉大なる神の人、ダビデが「落ちこんだ」のです。

旧約の最も偉大な預言者たちの一人、エリヤ、不屈の勇気と信仰の人もそうです。彼は何世紀も後に、死の国からモーセとともに呼び出され、変容の山の頂上でキリストと語り合い、主をその十字架のあがないのわざに励ましました。まさに旧約の偉人の双璧のひとりでした。

この偉大な人物は荒れ野に出て行き、「れだま」の木の下で地に倒れ伏して言いました。「主よ、もはやじゅうぶんです。今わたしの命を取ってください。わたしは先祖にまさる者ではありません」(列王紀上19・4)と願いました。神の偉大なる預言者エリアが、なんと落ちこんだ(!)のです。

新約聖書を見てみましょう。教会がキリストの戦士、十字架の闘士、力強い行動の人、創造的才能溢れる聖者とたたえ続ける、疑いなく最も偉大な使徒たちの一人聖使徒パウロでさえ、その落ちこみの経験をこう書いています。

「わたしたちは極度に、耐えられないほどに圧迫されて、生きる望みさえ失ってしまい、死を覚悟した」。(コリント後1・8)

霊的な飢渇は偉大な聖人たちにとって広く共通の経験です。これらの偉大な人々は、落ちこみにどう対処すべきかを教えてくれます。しかしまずは、何世紀もの時を超えて私たちと信仰と苦難をともにする彼らと手を携え、支え合い、励まし合うことにしましょう。

> 神は他の人たちがあなたを愛していないことをあなたに見せつけることもあろう。それは神お一人にあなたが満足するためである。しかし真実は、あなたがもし他の人々にあなたを愛させようとするなら、あなたは神を忘れているかもしれないということだが……。
>
> ——H・シュワルツ

31　主よ、わたしは深い淵からあなたに呼ばわる（詩篇130・1）

絶望の道を自ら歩んできた詩篇作者から、もう一つの希望の言葉を聞きましょう。

主よ、わたしは深い淵からあなたに呼ばわる。

主よ、どうか、わが声を聞き、
あなたの耳をわが願いの声に傾けてください。
主よ、あなたがもし、もろもろの不義に
目をとめられるならば、
主よ、だれが立つことができましょうか。
しかしあなたには、ゆるしがあるので、
人に恐れかしこまれるでしょう。
わたしは主を待ち望みます、わが魂は待ち望みます。
そのみ言葉によって、わたしは望みをいだきます。
わが魂は夜回りが暁《あかつき》を待つにまさり、
夜回りが暁を待つにまさって主を待ち望みます。
イスラエルよ、主によって望みをいだけ。
主には、いつくしみがあり、
また豊かなあがないがあるからです。
主はイスラエルを
そのもろもろの不義からあがなわれます。　（130詩篇）

詩篇作者はここである真理を証ししています。物事がどんなに絶望的に見えようとも、私たちは神に依り頼むことができます。あらゆるものが去っていっても、神は留まってくれます。あらゆるものが裏切っても、神は約束をはたします。誰もが私たちに刃向かってくるように見えるときでも、神は私たちの味方です。深い所に落ちたとき、「見捨てられてしまった」と思いがちですが、それは間違いです。神はいつも私たちと共にいます。いちばん深い所に落ちているときでさえ。

多くの人々が絶望のどん底にあってはじめて、神とはどなたなのかを理解しました。人生とは何なのかを見いだしました。そして神の存在が持つ「深き所」から私たちを引き上げる力を経験しました。

わたしは主を待ち望みます、わが魂は待ち望みます。
そのみ言葉によって、わたしは望みをいだきます。

——１３０詩篇

32　ロープの端まで来たときに

自分の力ではもうなすすべのない地点に来てしまったら、二通りの道があります。あきらめて敗北するか、神を見いだして神の力に身を委ねるかです。聖使徒パウロは彼自身の経験を次のように伝えています。

兄弟たちよ。わたしたちがアジヤで会った患難を、知らずにいてもらいたくない。わたしたちは極度に、耐えられないほど圧迫されて、生きる望みをさえ失ってしまい、心のうちで死を覚悟し、自分自身を頼みとしないで、死人をよみがえらせて下さる神を頼みとするに至った。

（コリント後書1・8〜9）

神が私たち人を逆境に置くなら、それには目的があります。それは、私たちがもっと完全に神の救いの腕の中に自らを委ねるようになることです。パウロは「わたしが弱いときにこそ、わたしは強い」と言っています。

私たちのほんとうの力は、私たちの無力さの内にあるのです。その無力さの内ではじめて、神に助けを求めて叫ぶことができるからです。

そのとき、征服されていた人々は、征服する者となります。助けなき者は、助け手となります。弱い者は強くなります。自分の力だけでは全く何もなし得ないけれども、それでも「私たちを強めてくれるキリストを通じて、あらゆることが可能となり」ます。エルチャニノフ神父はこう述べています。

聖師父たちを読むことでたどり着いた結論をお話ししよう。不毛の期間はまったく異常なことではない。辛抱強く平静にその期間を耐えなければならない。これらの期間に私たち自身の無力さへの謙虚な自覚が生まれ、精神的なよみがえりへのすべての希望を、神おひとりに置けるようになるからだ。

私たちのほんとうの力は、私たちの無力さの内にあるのです。
その無力さの内ではじめて、
神に助けを求めて叫ぶことができるからです。

33

「神の武具で身を固めなさい」（エペソ6・11）

クロンシュタットの聖イオアンは次のように書いています。

「敵」の誘惑に強くひかれそうになったら、神の武具を総動員して身を固めなさい。信仰と希望と愛によって。心にこう繰り返しなさい。

「信じる者にはどんなことでもできる。」（マルコ9・23）
「聖霊の力によって望みに溢れておれ」（ローマ15・13）

そしてさらにこう言いなさい。
「私はどんな善をも疑わないし絶望もしない。たとえ、敵対するおまえが、あらゆる善への、とりわけ最高の善である愛への疑いと絶望の種を私の心に播こうと試みても。愛の神ご自身が私とともにある。私たちは神の子であるから。いたらぬ者ではあるが、私は父のイメージを担っている」。

愛の神ご自身が私とともにある。私たちは神の子であるから。

――クロンシュタットの聖イオアン

34　肉体のとげ

聖使徒パウロは彼の「肉体のとげ」（生涯彼を悩ませた一つの肉体的病気）について訴えました（コリント後12・7〜9）。彼は神にそれを取り除いてほしいと願いました。しかし神は言いました。「いいや、パウロよ。わたしの恵みはあなたに対して十分である。わたしの力は弱いところに完全にあらわれる」。

それに対するパウロの答えに耳を傾けましょう。

「神はわたしの願いに応えてくれなかった。しかし神は人生がわたしに求める課題を果たす力を与えてくれた。神は私を苦しめ続けるとげを取り去ってはくれなかった。しかしそのとげと共に生き、それを力強い恵みの手段に変えることを助けてくれた。この経験から私は知った。『神は、神を愛する者たち……と共に働いて、万事を益となるようにしてくださる』」（ローマ8・28）。

この世は言います。「何も成し遂げられない。何も意味をなさない。何もかもが不条理だ。人生は答えのない謎に過ぎない。生きることは移り気な運命の犠牲となることだ」。聖使徒パウロはこの悲観的な見方に対して、ローマ書の八章二八節でこう言っています。「神は、神を愛する者たち……と共に働いて、万事を益となるようにしてくださる」。

35　暗黒の中で神を信頼すること

E・S・ジョーンズは書いています。

「そのうちに暗くなるかもしれない。君の乗った列車がトンネルに入ってゆくんだ。真っ暗になるだろう。君はどうする。切符を捨てて飛び降りるかい。それとも機関士を信じて切符をしっかり握って離さない？」

もちろん切符を握って離しません。機関士が愛する天の父であることを知っているからです。彼は状況をつねに掌握し、私たちの人生に待ち受ける多くのトンネルの闇を通過させてくれます。最後にはどんなトンネルよりも暗いトンネル、死でさえも。

そして彼はそのトンネルの向こうに待つ、見たことも、聞いたことも、想像したこともない目もくらむように明るい場所へと連れて行ってくれます。

この世では神の意志によらない山のような出来事が待ち受けています。しかし、神によって、ご自身を愛する者の益となるよう捕捉され利用されない出来事は何もありません。聖パウロはそれを「そう思う」とか「そう望む」とか言ったのではありません。彼は「神は、神を愛する者たち……と共に働いて、万事を益となるようにしてくださる」ことを「知っている」と言うのです。

聖イオアンネス・クリュソストモスの人生のモットーは「あらゆることにおいて、神に光栄を帰す」ことでした。彼はアンティオケでは、民衆に愛され、彼の説教を聞くために一万人もの人々が集まりました。しかし後に、帝都コンスタンティノープルでは、彼が真実を語ったがゆえに皇妃は背を向けて去り、彼は流刑に処せられました。吹雪の中、兵士たちに引かれて行った彼が、死を目前にして最後に語った言葉は、「あらゆることにおいて、神に光栄を帰します」でした。

聖パウロと同様に、クリュソストモスは知っていました。神は「万事（流刑も死も含めて）を益となるようにしてくださる」ことを。

君の乗った列車がトンネルに入って真っ暗になったら、君はどうする。
切符を捨てて飛び降りる？

36 それに関しては「たぶん」はない

聖パウロが「神は、神を愛する者たち……と共に働いて、万事を益となるようにしてくださることを、私たちは知っている」と書いたとき、彼の心にあった大きな確信が、私は大好きです。

「そう思う」でも「そう望む」でも「たぶん」でもなく「知っている」！

言い換えれば、完全な保証があるということです。十分に納得し自信があります。私たちの確信は人生を支配しているのは神であって悪魔でも偶然でもないことです。かつてこう言ったアインシュタインに賛成です。

「神が宇宙でさいころ遊びをしているとは、信じない」。

私たちの人生の軌跡は曲がりくねっているかもしれません。しかしある格言がこう言っています。

「神は曲がりくねった線で直線を描く」。

もし私たちが神を愛し、神に協力するなら、神は人生で出会う曲がりくねったあらゆる出来事から、善きものをもたらすことができます。神はアダムの罪でさえ、この世界がかつて知らなかった最も偉大なあがないをもたらすために利用しました。それは聖アウグスティヌスをしてこう言わしめました。

「おお、幸福なあやまちよ。それは私たちに偉大なあがないをもたらすために功績があった」。

寝なさい。そんなことに起きてるほどの価値はない。

——A・ルーニー

37 人生に対する二つの見方

この世には基本的に二つの人間観しかありません。

一つはこうです。人は物質的世界の一部であって、それ以上のものではない。世界を支配する神などはいない。この世は自分の生存をかけて、すべてがすべてに対して戦いあう戦場である。

もう一つはこうです。神がすべてを支配しておられる。

もしあなたが神を愛し、神と共に働くなら、あなたにとってよきものとならないものは何もありません。この世がかつて知らなかった最も偉大な勝利、すなわちその復活によって、イエスは究極において神がすべてを凌駕していることを保証しました。

聖使徒パウロは述べています。

神は、神を愛する者たち、すなわち、ご計画に従って召された者たちと共に働いて、万事を益となるようにしてくださることを、わたしたちは知っている。

それでは、これらの事について、なんと言おうか。もし、神がわたしたちの味方であるなら、だれがわたしたちに敵しようか。ご自身の御子をさえ惜しまないで、わたしたちすべての者のために死に渡されたかたが、どうして御子のみならず万物をも賜らないことがあろうか。

わたしは確信する。死も生も、天使も支配者も、現在のものも将来のものも、力あるものも、高いものも深いものも、その他どんな被造物も、わたしたちの主キリスト・イエスにおける神の愛から、わたしたちを引き離すことはできないのである。（ローマ8・28、31、32、38、39）

高慢はサタンにとってたしかに非常に役立つ道具です。しかし落胆の半分ほどしか役立ちません。

38 夜明けの光

オズワルド・チェンバース（写真）が書いています。

暗さは罪の兆候ではない。

もし霊的な暗さがあるなら、それは罪による暗さであるより、むしろ神のかざす手の影であることの方が多い。個人的体験が与える大きな衝撃も、新しい啓示の発端であり得るのだ。「夜明け」の前には荒涼とした闇がある。しかし待ちなさい。やがて輝かしい一日を告げる光が射し込んでくる。そして夜明けの光は新しい一日を完全なものへとくっきりかたどってゆく。もしあなたが今、荒れはてた時の暗さの中にいるなら、その「時」の流れに寄り添っていなさい。そうすればやがて自分が、かつて経験したことのない形でイエス・キリストに面と向かっていることを見いだすだろう。

「わたしが来たのは、羊に生命を得させ（その生命には死はない）、豊かに得させるためである。」

（ヨハネ10・10）

「夜明け」の前には荒涼とした闇がある。しかし待ちなさい。

やがて輝かしい一日を告げる光が射し込んでくるだろう。

39 「悪しき金曜」は「善き金曜《グッドフライデイ》」に変えられた

十字架上でイエスは、その身に起こり得る「最悪」を体験しました。その十字架刑と死です。しかし彼はそれをこの世にあり得る「最善」に変えたのです。あがないと救いです。

聖アウグスティヌス（写真）は書いています。

神は邪悪な人々を用いた。その堕落に従ってではなく、ご自身の善に従って。なぜなら、神はこれらの人々と彼らの邪悪な行いを善に転換できたからだ。救い主の受難と、私たちの罪の赦しのために流された血によってもたらされた、その善を正しく言い表せる言葉はない。

この途方もない善はサタンの悪意、人々のねたみ、ユダの裏切りによって実現した。

しかし、心得ていなければならないのは、出来事はその当日には、ふさわしく評価されないということ

とです。ヨセフがその無情な兄弟たちによって奴隷に売られた日、それは悪しき日でした。しかし、しかるべき時を経た後では、その日は彼の人生で最善の日に転じました。歴史とは神の物語です。

エルサレムでイエスがあざけられ十字架につけられたその暗黒の金曜日は悪しき日でした。もしそこにいたなら、私たちは叫んだでしょう。

「神さま、こんなことはお止めください。主を死なせないでください」。

しかし今、振り返ってみれば、神の愛がこれほどはっきりと明らかになったことはありません。

あの「悪しき金曜」は「善き金曜」へと名を改められました。

もう一度言います。ある出来事が起きたその当日には、起きた事は何事もふさわしく評価されません。

神のみ手にそれを引き渡し、どんなときでも神は、ご自身を愛する者たちと共にすべてが益となるように（ローマ書8・28）お働きになることを信じなければなりません。

ある出来事が起きたその当日には、
起きた事は何事も、ふさわしく評価されない。

40　私たちの空虚は神の充満

自分の弱さと無力さの感覚にとらえられたとき、絶望に道を開いてはなりません。むしろ、喜びましょう。なぜならその時すでに私たちは力を獲得するために必要な条件の半分を満たしたからです。

神の充満を容れるための空っぽの場所ができました。自分の空虚さと弱さを、キリストにあって、神の力と結びつけることができます。それによって、私たちの必要をはるかに超えて豊かな神の力の源泉を発見できるでしょう。聖パウロはこう言っています。

「キリストの力がわたしに宿るように、むしろ、喜んで自分の弱さを誇ろう」（コリント後12・9）。

「もうどうしようもない」と言ってはなりません。なぜなら自分の無力さを力と愛にあふれたイエスに引き渡せば、その弱さは強さへと変えられるからです。

苦悩の中から、詩篇作者は神に呼ばわりました。すると神は「天をたれて下られました」。彼の弱さは神の力が発揮される場所となりました。

死の綱は、わたしを取り巻き、
滅びの大水《おおみず》は、わたしを襲いました。
陰府《よみ》の綱は、わたしを囲み、
死のわなは、わたしに立ちむかいました。
わたしは悩みのうちに主に呼ばわり、
わが神に叫び求めました。
主はその宮からわたしの声を聞かれ、……
主は天をたれて下られ、……
主は高い所からみ手を伸べて、わたしを捕え、
大水からわたしを引き上げ……（詩篇18）

祈りのある人は火種が残る石炭の火床に似ている。

小さなものでも火種が残っている限り
いつか大きく燃え上がることができる。
しかし火種がなければ、決して燃え上がらない。
神のもとへ上がってなど行けないと感じるときでも
いつも祈りによって神にふれていなさい。
たった一つの小さな火種を大事に保ちなさい。
君の魂の炎が消えてしまわないように。

――ユダヤ教の格言

41 思い煩《わずら》いを祈りのきっかけに

聖使徒パウロはこう言っています。

「何事も思い煩ってはならない。ただ、事ごとに、感謝をもって祈りと願いとをささげ、あなたがたの求めるところを神に申し上げるがよい。そうすれば、人知ではとうてい測り知ることのでき

ない神の平安が、あなたがたの心と思いとを、キリスト・イエスにあって守るであろう」。

（ピリピ4・6～7）

パウロは思い煩いを祈りのきっかけに用いなさいと教えているのです。

心配事がありますか。何か不安ですか。もしそうなら、それを神に知らせましょう。思い煩いは利用できるのです。思い煩いが私たちの膝をかがめさせるなら、それは私たちへの祝福となり得ます。

今日、あなたは何が不安ですか。神にそれを言い表し、差し出しなさい。神にそれを語り、託しなさい。神なら対処できます。それはあなたを圧倒しても、神を圧倒することはできません。あなたをおびえさせても、神をほんのわずかでも動揺させることはできません。

イエスは言いました。

「なぜ着物のことで思い煩うのか。野の花がどうして育っているか、考えてみるがよい。働きもせず、紡ぎもしない。しかしあなたがたに言うが、栄華をきわめた時のソロモンでさえ、この花の一つほどにも着飾ってはいなかった。きょうは生えていて、あすは炉に投げ入れられる野の草でさえ、神はこのように装って下さるのなら、あなたがたに、それ以上よくして下さらないはずがあろうか。ああ、信仰の薄い者たちよ」（マタイ6・28〜30）。

祈りは希望を呼吸している。希望のない祈りは罪深い祈りだ。

――クロンシュタットの聖イオアン

42 心を神でいっぱいに

「自分は不安に悩まされることなど、実はないんです」と、ある人が言いました。それを聞いた人から「何か秘密があるんでしょう、それを教えて」とせがまれ、彼は答えました。

「毎朝、十五分間、神さまで心をいっぱいにするんです。神さまのいらっしゃるところには不安は存在できませんからね。」

私はこれは人に不安を克服させてくれる最も偉大な真理だと思います。毎朝、心を神でいっぱいに満

たすのです。

神は、落ちこみを閉め出す道を約束しています。

「まず神の国と神の義とを求めなさい。そうすればこれらのものは添えて与えられるであろう」。（マタイ6・33）

「わたしの神は、ご自身の栄光の富の中から、あなたがたの一切の必要を、キリスト・イエスにあって満たして下さるであろう」（ピリピ4・19）。

「求めよ、そうすれば、与えられるであろう。捜せ、そうすれば、見いだすであろう。門をたたけ。そうすればあけてもらえるであろう。すべて求める者は得、さがす者は見いだし、門をたたく者はあけてもらえるからである」（マタイ7・7）。

あなたの道を主にゆだねよ。

主に信頼せよ、主はそれをなしとげられる。（詩篇37・5）

わたしが主に求めたとき、主はわたしに答え、
すべての恐れからわたしを助け出された。（詩篇34・4）

このような約束は落胆や落ちこみを閉め出してくれます。天国には落ちこみはもうありません。

（神が）人の目から涙をまったくぬぐい取って下さる。もはや、死もなく、悲しみも、
叫びも、痛みもない。先のものが、すでに過ぎ去ったからである。

——黙示録二十一章四節

43 神の愛から離れることはできない

ローマ書の八章三十五節から三十九節を意訳してみましょう。この箇所でパウロは神の愛について見事に語っています。

いったい何が、キリストから私たちを引きはなすことができるだろうか。困難か災難か、圧迫か欠乏か、貧困か危険か葛藤か、……断じて違う。外的な状況がどうであれ、私たちは勝利者、いやそれ以上のもの、不敗のチャンピオンである。しかし、それは私たち自身の能力と力によるのではない。イエスが愛と寛大によって私たちにくださった、この世を越えた力と助けによるのである。

なぜなら、わたしは心と魂のすべてをあげて信じている。何ものも、完全に何ものも、……死も、生命も、天使たちも、悪霊たちも、統治者たちも、組織も、今生じている何事も、将来を脅かすどんな可能性も、達成の高さも、絶望も深さも、神が力を与えたすべての創造物の何ものも、神の愛、主イエス・キリストご自身から私たちのもとに来る押し止め得ない神の愛から私たちを分断できない。

しかし「わたしの足がすべる」と思ったとき、
主よ、あなたのいつくしみは
わたしを支えられました。
わたしのうちに思い煩いの満ちるとき、
あなたの慰めはわが魂を喜ばせます。

——詩篇九十四篇十八〜十九節

44 自己憐憫を閉め出すこと

自己憐憫は致命的です。あなたに生じた事態そのもの以上にあなたを害します。自己憐憫は自尊心を生み出さず、反対にそれをぬぐい去ってしまいます。自己憐憫は人をその不幸な過去から解放しません。むしろ、その過去の奴隷にしてしまいます。自己憐憫は人を「いま」に対して勇敢に立ち向かわせず、むしろ過去に生きさせます。人の志気をくじき、自己破壊的に働きます。

降りかかってくる多くのことに対して私たちは無力です。しかし、それらが引き起こす自己憐憫に対しては何かをなし得ます。自己憐憫はやって来るでしょう、しかしそれにふけってはなりません。やって来てもドアを閉ざして、この落ちこみの大きな要因を閉め出すことはできます。

あるやり手の建築家が、財政的に追い詰められたとき、ひどく落ちこんでしまいました。どこへ出かけて行っても、落ちこみが彼に付いてきました。

しかしついに彼は悟りました。彼の落ちこみの原因は彼のビジネスが苦況に落ちたことではなく、彼

りました。

の自己憐憫だったのです。これを悟るや、彼は立ち上がり、自己憐憫を閉め出し、落ちこみから立ち直

少しも賢くならなかった。
しかし、彼女が教えようとしたことで
彼女は、その間ずっとおしゃべりを続けた
「喜び」といっしょに一マイル歩いた

悲しみがわたしといっしょに歩いてくれた。
しかし、なんと、わたしは彼女から多くのことを教わった
彼女は、その間ひとこともしゃべらなかった
「悲しみ」といっしょに一マイル歩いた

――R・ブロウニング

45 過去にご用心

C・S・ルイスが言っています。

「過去」にはご用心だよ。そう思わないかい。

自分の罪深さを悔い、他人《ひと》の罪には寛大でなきゃならないが、必要以上に自分の昔の悪に心を釘付けにするのは、まったく無駄であり、たいていは有害ですらあるんだ。

ダンテの警告に注目。滅びた魂は過去に完全にとらわれている。救われる者たちは違う。

これはあなたたちや私のような年寄りの陥りがちな危険の一つだ。いまや、過ぎ去ったことばかり、他のものはほとんど何もない。そうだね……。

しかし果てしなく反芻《はんすう》し続けるのは断固としてやめなければならない。

「古い皮はキッパリ永遠に脱ぎ捨てよう」と、懸命に努力しなきゃ。

人は物事にではなく、その見せかけに混乱させられるものだ。

——エピクテトス

46 創られたのではない、創られつつあるのだ

ある女性が愛する者を失って叫びました。

「ああ、私なんか創られなかったらどんなによかったか」。

それに対して彼女の友人が答えました。賢い答えです。

「あなたは創られたんじゃないのよ、創られつつあるのよ。あなたの悲しみはその過程の一部なの」。


悲しみ、それがやってくるのは偶然ではありません。

苦痛、それがやってくるのは偶然ではありません。

受難、それがやってくるのは偶然ではありません。

それらは、神が私たちを創り上げるために用いるすべてのことの一部分です。
「すべてのことが神を愛する者のために益となる」（ローマ8・28）のです。

ある人がかつてこう言いました。「どんな艱難も、もし神がそれを送ってくる理由を知っているなら、神の子たちを決して苦しめない」。

あなたは、神はすべてのことを益のために用いるなら、死でさえも？ と尋ねるでしょう。

そうです。死でさえも。

ある人が悪性の腫瘍があると宣告された後、こう言いました。
「人は、自分が死につつあることを知るまで、生き始めません」。

かつて心配性では人後に落ちなかったある友人がこう言いました。
「僕がいろいろな心配事とサヨナラできたのは、こう悟ったからさ。僕のクヨクヨの種の五十パーセントは、もう変えることのできない過去のこと、四十五パーセントはまだ起きていないこと、残りの五パーセントは神さまに委ねちゃうことにした。神さまは僕よりはるかに、その問題の取り扱い方をご存じだからね」。

47 外洋船の各部分のように

人生に起きることの多くは「ありがたくない」ことです。私たちはよく知っています。それらはあるまじきことで、心地よくありません。

たとえば大きな外洋船の各部分は、それ自体は沈んでしまうものです。エンジンそれ自体は沈みます。スクリューそれ自体は沈みます。しかしすべてが正しく、間違いのない場所に収まり組み合わさって巨大な船となったら、それは浮かびます。

神を愛する者たちの人生も同じです。

私たちに降りかかる個々の出来事を担わなければなりません。それは恐ろしく見え、心痛と悲しみをもたらします。しかし神は私たちが人生の中で経験するすべての総合計をお引き取りになり、その愛と知恵によって互いに接合し、私たちにとってよき何ものかを作り出すのです。

悪いことが、なぜ善い人々に起きるのでしょうか。
神は悪いことでさえも私たちの益のために用いることができるからです。

神があなたにあなた自身の欠乏や欠如を見せるときはいつでも、神はあなたに自分の無力を確信させたいのだ。しかしそれはあなたを落胆させるためではなく、あなたをご自分のもとに回帰させ、ご自身に信頼し、委ねさせるためだ。

——H・シュワルツ

48　太陽の光線

聖イオアンネス・クリュソストモスがこう言っています。

苦痛の内で祈る者はだれでも、祈り終えると、魂に大きな喜びを知ることができる。集まってくる雲はまず地上を暗くするが、そこに蓄えられていた水がすべて注ぎ出されてしまえ

ば、にわかに空気は澄みわたり、光があふれる。

それと同じように、苦痛は心に満ちてくるとき、私たちの思いを闇に投げ込んでしまうが、祈りと、祈りと共に流す涙によって、その苦さを流し出してしまえば、心に大きな光をもたらす。

神の及ぼす力は、祈る者の魂を太陽の光線のように照らす。


キリストの内に我々はあらゆるものを所有している……。

もしあなたが傷を癒したいなら、彼は医師である。

もしあなたが熱で燃えているなら、彼は泉である。

もしあなたが助けを必要としているなら、彼は力である。

もしあなたが死に怯えているなら、彼は生命である。

もしあなたが暗やみから逃げているなら、彼は光である。

もしあなたが空腹なら、彼は食物である。

「主の恵みふかきことを味わい知れ、主に寄り頼む人はさいわいである」(詩篇34・8)。

——ミラノの聖アンブロシウス

49 朝の静けさを神のためにとっておきなさい

ディートリッヒ・ボンヘッファーはこう述べています。

毎朝、私たちは新しい生命の始まりを迎える。

それは私たちの苦労や心配に一区切りをつけてくれる。ある一日の内に、私たちは神を見いだすこともあろう、反対に見失うことも、また信仰をしっかり守ることもあろう、反対に背信の不名誉に落ちることもあろう。

時に途切れ目がなければ、私たちはさ迷ってしまうが、神は、朝ごとに夜が終わったと知ることができるよう、昼と夜をお造りになった。

毎朝、大昔から存在する太陽が新たな太陽として昇るように、神の永遠の憐れみは朝ごとに更新される。毎朝、神は変わることのないご自身の信実さを、私たちが改めて理解し直すという贈り物

をくださる。だから、神と共に生きる私たちの人生は長く続くけれど、私たちは毎日、生活を神と共に新たに開始することができる。新しい一日の最初の瞬間は神のそそぎ出す恵みのため、神の成聖の働きの臨在のためにある。

神は私たちの心がこの世に対して鍵を外す前にまず、ご自身に対して心を開くことを望んでいる。私たちの耳がその一日の数え切れない声を取り込む前にまず、創造者であり救い主であるお方の声を早朝に聞かなければならない。神は朝一番の静けさを、ご自身のために用意されたのだ。それは神のものとして、とっておかなければならない。

新しい一日の最初の瞬間は神のそそぎ出す恵みのため、神の成聖の働きの臨在のためにある。

——ディートリヒ・ボンヘッファー

50 悪いことの思い出

階梯者《かいていしゃ》聖イオアンネスは悪いことを思い起こすことは暗く憎むべき情念だと言います。彼はこう述べています……。

悪いことの思い起こしは、
怒りの極致、
諸々の罪の保持、
正義への憎しみ、
諸徳の滅び、
霊魂の毒
精神を蝕む虫、
祈りの恥辱、

懇願の停止、
愛からの離れ、
魂への釘打ち、
喜びの欠落、
苦さの感覚、
途切れなく続く罪、
眠ることのない背き、
絶え間ない悪意、である。

そこに見るのは、自分を傷つけた者たちのために、私たちが心に持ち続ける、特別の地下牢の描写です。私たちはその暗い地下牢から彼らを開放してやらなければなりません。赦しによって、キリストが黄泉の扉に対してしたのと同じように、その扉を破ってやらねばなりません。私たちを傷つけた者たちの魂を、そして私たちが赦しを拒んだことで私たちを苦しめ続けている、また憎しみによって私たちに毒を注ぎ込み続けている人たちを、神の恵みによって解き放ってあげなければなりません。

悪いことの思い起こしは魂への釘打ち、霊魂の毒、精神を蝕む虫

――階梯者聖イオアンネス

51 私たちを通じて、神に赦してもらおう

聖人たちでさえ人を赦せず苦しみました。

西方教会の聖人、小さな花のテレーズにはどうにも虫が好かない修道院の姉妹がいました。どんなにがんばっても、主イエスが求めるようには、彼女を愛することはできませんでした。それでも彼女は恵みを祈り続けました。そしてある日、彼女は、自分にはできないことでも、彼女の内に宿る主にとってはいつでも可能なことであることを悟りました。

そこで主に向き直ってこう言いました。

「主よ、私は自分ではこの姉妹を、あなたが愛するようには愛せません。でも、あなたなら、私の内で、また私を通じて彼女を愛せます」。

彼女は問題をイエスに引き渡したに過ぎません。しかし彼女はほっとしました。彼女は彼女の内に依

然として残る「虫が好かない感じ」は無視することにしました。
彼女はイエスがその福音の中で呼びかける完全な愛と赦しを、もたらしてくれるはずと信じました。
そして主は、求めに応えてくださいました。

人類を悩ますどんな病気でも癒すことができる精神療法がひとつある。毎晩三十分間腰を下ろして、心の内で君が悪意や嫌悪感を抱いている相手を一人ひとり赦すことだ。

――C・フィルモア

52 「神の赦し」の注ぎ口は……

東方教会の一人の修道士がこう述べています。

私たちがもし誰かを赦せば、それは「私たち自身」が与える赦しではない。私たちは自分自身がまず受け取った神の赦しを、私たちを通じて私たちを越えて注ぎ出るままにまかせ、自分をそのための道具にする。どんな赦しもそれは神から出るものだから。

さあ、今日は、心のひだを一つ一つ、精神の隅々を一つ一つ点検しよう。まだ私たちが赦していない背きや不正がそこに残っていないように。十字架から救い主の血と共に流れ出す赦しを、私たち自身の内でせき止める権利はない。

私たちはそれを流れるままに、……人々の上に、とりわけ私たちを傷つけた人々の上に流れるに任せなければならない。

十字架から救い主の血と共に流れ出す赦しを、
私たち自身の内でせき止める権利はない。

——東方教会のある一人の修道士

53 心の脱衣

ある人たちの心の習慣。

一日の終わり、眠りにつくために服を脱ぐとき、いっしょにその日にあった不愉快な思いや出来事を心から脱ぎ捨てます。

彼らはその日の「がっかり」を全部ひとまとめにし、教訓とすべき経験や理解を引き出したら、残りは意識の外に放り出してしまいます。ちょうど聖使徒パウロが言っているように。

「後ろのものを忘れ、前のものに向かって身体を伸ばしつつ……」（ピリピ3・13）。

ある人がこう言っています。

「たぶん自分でやってみるまで悟れないだろうが、幸福な心を奪い去るやっかいな敵を取り除くことがほんとうにできることに気づいたとき、あなたの存在の底からみるみる喜びの力強いうねりが湧き上がってくる」。

空気を入れ換えましょう。その日、自分が行った悪しきことを認め、そこから学び、学んだらそれに出て行ってもらいましょう、外に投げ捨ててしまいましょう。悔い改めて祈り、赦して、くずかごに捨ててしまうように忘れ去りましょう。そして、神さまのくださる平安を心に取り入れるのです。

毎夜床につく前に、安らかな眠りのために服を脱ぐように、
心からも服を脱ぎましょう。

54　心にイエスの祈りを

科学ではほとんどすべての理論が実験室で検証されます。私たちクリスチャンの信仰でも同じです。信仰は人生の実験室で検証されなければなりません。こんな実験をしてみませんか。

毎晩、あなたが最後に口にする言葉を「イエスの祈り」にしてみましょう。こうです。「主、イエス・キリスト神の子よ、我罪人を憐れみたまえ」。この祈りを唇に乗せて眠りにつくのです。イエスと共に一日を終えることに勝《まさ》る終わりがあるでしょうか。そして目が覚めたらまず「イエスの祈り」を口にしましょう。イエスと共に新しい一日に挨拶することに勝る始まりがあるでしょうか。

日中は、しゃべっていても、腰掛けていても、歩いていても、何かを作っていても、食べていても、忙しくても、何とかして「イエスの祈り」を、あるいはイエスの名だけでも、愛とあこがれをもって繰

り返しましょう。
この実験を繰り返し、他の数え切れない多くの人たちが発見したことをあなたも見つけましょう。そんな人たちの一人、ルーマニアのイリーナ王女はこう述べています。

朝目覚めるとまず「イエスの祈り」をとなえる。それは私を新しい一日に喜ばしく押し出してくれる。空の旅でも、陸路でも、また海を渡るときでも私の胸には「イエスの祈り」が歌っている。聴衆に向かい演壇に立つとき、「イエスの祈り」は勇気を奮い立たせてくれる……。疲れ切った一日の終わり、床に横になったとき、私は心をイエスに引き渡す。「主よ、あなたの手の内に、私のたましいを委ねます」。眠りに就いても心臓の鼓動の一つ一つが「イエス」と祈り続ける。

ある師父が言っています。
精神と心が「イエスの祈り」によって浄化されると、
「私たちの思いは静かな海で泳ぎ回る幸せなイルカたちのようだ」と。

55　今日は何の日

J・ヒューバーはこう言います。

「ごきげんいかがですか」と尋ねられたら、私はいつも「超ごきげんです（Super fantastic !）」と答えたものです。これはもう仲間内では定番のジョークになってしまいました。でもそれはホントです。私はいつも肯定的《ポジティブ》にしか考えないから、毎日がほんとに「超素晴らしい」んです。

何年か前から、こう言ってみんなを勇気づけてます。目が覚めたら心にこう言いなさいって。「**驚くべき月曜だ**」。床を出る前にこの言葉を繰り返せば、あなたの一日はほんとうに「驚くべき月曜」となるでしょう。そして火曜の朝は、きっと…、「ものすごい**火曜**」になるでしょう。次の日は……、「**素晴らしい水曜**」です。まだ寝床から起き出す前から、主があなたのためにどんな素晴らしい一日を用意してくれているだろうと、想像してごらんなさい。そうすればその日の喜びはもうこっ

ちのものです。そして……

「とほうもない木曜」が、「ワクワクの金曜」が、「とんでもない土曜」が、そして「アッと驚く日曜」が続きます。毎日こんな風にお続けなさい。そうすればきっとあなたの毎日はよいほうへ変わってきます。


ペニーの例が、それをよく物語っています。

彼女に出会ったとき、彼女は無口で引っ込み思案な女性でした。私は、毎朝こんな風に自分の心に挨拶してみてはいかがでしょうと、すすめました。

彼女は言われたとおりにしました。すると彼女はだんだんとポジティブになってゆき、ついに望むことは何でもできると確信するに至りました。いまや彼女は活力あふれた女性です。百貨店のマネージャーであり、弁護士の妻であり、一人の母親です。

だれかに「ごきげんいかが」と尋ねられたとき、なぜ私が「今日はどんな日」と笑って、尋ね返すのかもうおわかりでしょう。

たとえどんな日であっても、「これは主が設けられた日であって、われらはこの日に喜び楽しむであろう」（主はこの日を創れり、われらこれをもって喜び楽しまん〈日本正教会訳〉）。（詩篇118・24）

驚くべき月曜
ものすごい火曜
素晴らしい水曜
とほうもない木曜
ワクワクの金曜
とんでもない土曜
アッと驚く日曜

——J・ヒューバー

56 主はその愛する者に眠りを賜う

夜ぐっすり眠るのは、驚くほど身体によいことです。そうでしょう?

夜、床につくときは、疲れ切ってクタクタでも、朝、目が覚めればスッキリしていて、これから始まる一日の仕事に準備ができています。

前夜には「もうどうにもならない」と頭を抱えた問題が、新しい一日が明けてみると、難なく解決していることだってあります。

とりとめのない思いも、すっかり整理されています。

時には、寝る前に怒りに駆られて怒濤のように書きなぐった手紙が、一晩の眠りの後には破り捨てられます。(訳者のお節介ですが、気持ちのやりとりのメールはすぐ返さない。少なくとも一晩おきましょう!)

睡眠の神秘的な働きで、思慮に欠けた馬鹿げた決心がしばしば撤回されます。

夜眠れないと悩む人に、私はよくこう言います。目を閉じて何回「主の祈り(天主経)」が唱えられるか数えてごらん、と。たいていは三回か四回のうちに、知らぬまに眠ってしまいます。これは主の祈りが何か呪文のような働きをするからではありません。むしろ「主の祈り」の言葉が、私たちを神の臨在の平安の内に引き上げてくれるからです。

「主は、その愛する者に眠りを賜う」(詩篇127・2)

人生の大きな悲しみに立ち向かう勇気と、小さな悲しみに耐える忍耐を持ちなさい。そして、一日の仕事を終えたら、平安の内に眠りなさい。神は起きていてくれるから。

――ビクトル・ユーゴー

57

神に寝ずの番をまかせれば

あなたもまた、不眠に悩む何千万人の一人かもしれませんが……。

反抗的な息子アブサロムにさんざん悩まされたダビデ王は詩篇3・4―5で、よく眠るための秘訣を明かしています。

「わたしが声を上げて主に呼ばわると、主は聖なる山からわたしに答えられる。わたしは伏して眠り、また目をさます。主がわたしを支えられるからだ」。

悩み、罪責感、恐れを神の前に表すことはよい眠りへの準備です。やってごらんなさい……。

ダビデのように、神がわたしたちに耳を傾けてくれていることに気づくでしょう。

心から離れない良心のとがめも神はその赦しで鎮めてくれるでしょう。

眠りを妨げる不安感や心をかき乱す無力感は、ダビデにならって「主はわたしを支える」ことを思い

起こせば、かき消えてゆくでしょう。
とりわけ神の約束、……いつも私たちのそばに愛をもっていてくださるという約束は、私たちを支えてくれます。

あるビジネスマンは心配事でほとんど病気になりそうでした。ある日彼は、その絡まり合った心配ごとの山から逃れる道を発見しました。毎晩、床につく前に、彼はひざまづいて祈ることにしたのです。「神さま、昼間の間ずっと私は身も心も労してきました。夜はあなたが寝ずの番をしてください」。
夜は、神に「寝ずの番」を任せればいいのです。そうすれば「伏すとき、あなたの眠りはここちよい」（箴言3・34）ものとなります。

祈りによってもたらされるよい眠りは、世界で最高の消しゴムです。

58　朝の祈り

R・クッシュマンはこう歌っています。

私はその朝、神に出会った。
その一日は最高だった。
神はさし昇る陽のように、胸に輝く栄光のように私に臨んだ。
一日中、神は臨み留まり、一日中、神は私と一緒にいてくださり
私たちはまさに、逆巻く海を完全な安定の内に渉っていった。
ほかの多くの船はあえぎ吹き回されていた。
ほかの多くの船は大変な苦労をしていた。
しかし彼らをもてあそんでいるかに見えた風は
平安と休息を私たちにもたらした。

数々の苦労の末にあなたは学ぶだろう。
もし一日中神に共にいてほしいなら
朝、神を探さなければならない。

夜明けに
毎朝、しばらくあなたの両手を天国の窓枠にもたせかけ
あなたの主を見つめなさい。
そして、あなたの心にとどめられたそのビジョンによって
その一日に、しっかりと立ち向かいなさい。
——無名の作家

59 神との提携

ある婦人が夫に先立たれて、残された十二人の子供たちを抱えて大変な年月を過ごしてきました。しかし彼女は立派にその日々を切り抜けました。友人に「どうやってそんなにうまくいったの」と尋ねら

れた彼女は、「提携したからよ」と答えました。「提携？　それ何」、友人は聞き返しました。
「そう。何年か前、私は神さまと提携したの。取引したのよ。『神さま、厄介なことはみんなあなたが引き受けてくれるなら、私もがんばりましょうって』提案したのよ。それからは、いろんなことがうまくいくようになったわ」。

また、なぜ、着物のことで思いわずらうのか。
野の花がどうして育っているか、考えて見るがよい。
働きもせず、紡ぎもしない。
しかし、あなたがたに言うが、栄華をきわめた時のソロモンでさえ、
この花の一つほどにも着飾ってはいなかった。
きょうは生えていて、あすは炉に投げ入れられる野の草でさえ、
神はこのように装って下さるのなら、
あなたがたに、それ以上よくしてくださらないはずがあろうか。
ああ、信仰の薄い者たちよ。

——マタイ六章二八〜三〇節

60 賢い助言者たちを捜すこと

ガザの聖ドロテオスが書いています。

「助言者が多ければ安全である」（箴言11・14）。「助言者が多い」といっても、誰彼かまわずに助言を求めるべきだということではない。最も信頼している者たちに尋ねなさいということだ。そして、あることについては話しても、あることについては黙っているということがあってはならない。何もかもを包み隠さずに話し、あらゆることについて相談するのだ。そうすれば、ほんとの意味で「多くの助言者」を得たことになり安全が、すなわち救いがある。

主よ、わたしを憐れんでください。
わたしは嘆きの内にあり、
わたしの目の光りも、わたしの魂もわたしの身体も、
悲しみによって衰えてゆきます。
この苦悩の内でわたしのいのちも尽き果ててしまいました。

――詩編から

61

主日の魔力のもとで生きる

貧しく病弱ですが、敬虔な一人のクリスチャンがいました。彼の顔はいつも清澄な喜びで輝いていました。そんな境遇でどうして幸せでいられるのかと尋ねられた彼は、答えました。

「月曜、火曜、そして水曜日には、主日（日曜）の与えてくれた魔法の力で生きて行けます。木曜、金曜、そして土曜日には、近づいた主日への期待で生きられます。絶望や憂鬱に落ちこむことなんて考えられません」。

主よ、わたしはあなたに寄り頼みます。
とこしえにわたしをはずかしめず、
あなたの義をもってわたしをお助けください。
あなたの耳をわたしに傾けて、
すみやかにわたしをお救いください。

わたしのためにのがれの岩となり、
わたしを救う堅固な城となってください。
——31詩編

62　新しい一日のために

朝の祈りなんて忙しくってやってられないと思い込んでいたある女性が、友人がこういうのを聞いてその思い込みが間違いだと悟ったそうです。「アタシがね、毎朝、玉子がちょうど半熟にゆであがるまでの時間をどうやって計っているかわかる？『主の祈り』二回、二十三詩篇一回祈るのよ……」。

シャワーを浴びる間、ひげを剃る一時、また服を着るちょっとの間《ま》でも、偉大なお方へのあこがれを胸に秘めてさえいれば、簡単なお祈りをいくつかを、あるいは読んだばかりの聖書の言葉をくり返すことが、あるいは神の存在のうちに静かに留まることができます。

砂漠の師父の一人、エヴァグリオスは弟子たちによく言っていました。「毎朝、昇ってくる太陽の光に、いつも手に聖書を持ったあなたたちが照らされますように」。

クリスチャンでもある著名な精神分析家、ポール・トゥルニエ博士が書いています。

「ちょうど一年前のある日、朝の瞑想《いのり》の前に新聞を読む習慣が自分にとってとても有害なことだと気づいた。朝の祈りの時は、この世のことに心を向ける前に、神に耳を傾けるべき大切な時間だったはずだ。この過ちを正すのには小さな決心で事足りた。そして、そのちょっとした決心がそれまで暗まされていた私のいのちを、もう一度明るくしてくれた」。

ディートリッヒ・ボンヘッファーもこう言っています。

「一日の始まりはとても大切だ。まず最初に祈ることを忘れて、その日の仕事への取り越し苦労につきまとわれ、その覆い被さってくる重荷につぶされてしまってはならない。新しい一日への入り口には、その一日をお造りになった主が立っておられる。その夜見た夢の暗さと錯乱が、イエス・キリストとその心を目覚めさせる御言葉の光の前に、退いてゆく。すべての不安、不純、気がかり、心配は主の前から逃げてゆく」。

葛藤を恐れるな、そこから逃げるな。戦いのないところには徳もない。信仰と愛は試みられないならば、それらが確かにそこにあることを明らかにできない。それらは敵対するものの前でこそ、その存在が証明され、顕れる。すなわち外から襲いかかってくる、あるいは内面に引き起こされる、困難で悲痛な状況の中で、……病いの、悲しみの、欠乏の中にあって。

——クロンシュタットの聖イオアン

63　この世のいたずら

何年も前のあるクリスマスパーティーでの出来事です。生徒たちはサンタクロースが順番に名前を呼んでプレゼントを渡すのを待っていました。

生徒たちの中に、みんなより6インチは背の高い一人の少年がいました。彼はまったくの間抜け者でした。彼は口をぽかんと開け、サンタをじっと見つめていました。自分の名前が呼ばれるのを今か今かと待っていたのです。

プレゼントが次から次へと渡されてゆき、もうほとんど誰もそこには残っていませんでした。その少年は「どうやら僕はもらえないのかも」とがっかりし始めましたが、それでもあふれそうな涙をじっとこらえていました。

その時、サンタはクリスマスツリーの後ろに行って、そこから大きな贈り物の箱を引っぱり出し、彼の名を読み上げました。少年の顔が満面の喜びで輝きました。少年はパッケージをひっつかむと、包装紙を破り取り、箱を空けました。

突然、少年の顔から喜びは消え、絶望が彼を打ちのめしました。誰かが少年をからかったのです。箱は空っぽでした。少年は箱を放り出し、頬を伝う涙をぬぐおうともせず、部屋を出て行きました。こんなに残酷な仕打ちにあえば、誰でもひどいショックを受けます。

しかしこの世は、同じようないたずらを毎日私たちに仕掛けています。さまざまな約束が差し出されますが、その約束は一つも果たされません。

究極の希望と信頼をイエス以外の何かに、また誰かに置くなら、絶望だけがあなたを待っています。あふれるようないのちと喜びを与えてくれるのはイエスお一人です。

「この水を飲む者はだれでも、またかわくであろう。しかし、わたしが与える水を飲む者は、いつまでも、

かわくことがないばかりか、わたしが与える水は、その人のうちで泉となり、永遠の命に至る水が、わきあがるであろう」（ヨハネ4・13—14）。

幸せになろうとするのをやめるだけで、とても素晴らしい時を見つけ出すことができよう。

——イーディス・ワートン

64 神はもっと大き《グレイト》い！

百夫長が僕の癒しを求めてイエスのもとに来たとき信じていたのは、神は彼の従卒を苦しめている病気より「もっと大きい」ということでした。彼は言いました。「ただ、お言葉をください。そうすれば僕はなおります」。（マタイ8・5—13）

もし私たちがこの「神は、もっと大きい」（God is Greater）という三つの単語を覚えているなら、人生はどれほど違ってくるでしょう。ある人物はこう証しました。

友人が「神はもっと大きい」と言ったんです。「『何』より大きいんだよ」と私は言い返しました。「君が自分でその『何』を埋めるんだよ」と答え、彼はこう続けました。「神は今君が味わっているその失望より大きい。君の希望や夢よりも大きい、君の体験したこと、理解したこと、神の働きについての君の考えよりも大きい。神は君の家族よりも、君の教会よりも、君の職務よりも大きい。神は君の心よりも大きく、何もかもをご存じだ」。

彼の言葉は私の見方を変えました。私は冷蔵庫のドアに「神はもっと大きい」ということばを貼り付けました。一年中いつでもその言葉《メモ》は私に働きかけ続けています。わかりますか。神により多く注目すればするほど、自分の厄介ごとへのとらわれから自由になりました。神は以前よりはるかに深いご自身との関わりへと私を導き入れてくれました。今になって改めて、まさにその時の失望が、新しいかたちで神を見いだすきっかけとなったことを知り、感謝しています。友たちよ、これはほんとの話です。あなたにもぜひ学んで欲しいものです。「神はもっと大きい」ことを。

「ただ、お言葉をください。そうすれば僕《しもべ》はなおります」。

今になって改めて、まさにその時の失望が、新しいかたちで神を見いだすきっかけとなっ

たことを知り、感謝しています。
――P・マンスフィールド

65　ベストを尽くすとは、私を呼ぶこと

ある織物工場では、機械一台一台に「糸がもつれたら親方を呼べ」と書いたステッカーが貼ってありました。新人女性オペレーターが機械を始動するとまもなく、糸がもつれてひどい事に。ほどこうと躍起になればなるほどもつれはひどくなります。長い間、無益な努力を続けたあげく、ついに意気消沈してぼんやり……、しかたなく親方を呼びました。やってきた親方は、なぜもっと早く呼ばなかったんだと訊ねました。彼女は言い訳がましく「だって、私だってベストを尽くしたのよ」と言いました。親方はニヤッと笑ってこう言いました。「よく、覚えておきなさい。ベストを尽くすということは私を呼ぶことだよ」。

これはどんな時でも真実です。事態が錯綜し、何をやってもうまくいかないとき、「ベストを尽くす」とは、すべてを停止して祈りの内に神に任せることです。事態を神の手に置き、その助言と助けを待つことです。

陽気さは罪ではありません。疲れを取り除いてくれますからね。疲れから落ちこみが生じるのです。そして落ちこみより悪いものは他にありません。落ちこみはあらゆる否定的なものを心に持ち込んできますから。

――サーロフの聖セラフィム

66 神はあなたの最大の心配よりも大きい

神はもっと大きい。どんな重病にかかっていても、神はあなたの病気よりも大きい。あなたの最も深い落胆よりも大きい。あなたの最大の心配より大きい。あなたの最悪の敵よりも大きい。あなたの最も困難な課題よりも大きい。生命よりも大きい。死よりも大きい……。

神はもっと大きい。

それを信じましょう。それによって生きましょう。そのことを承認し、信じ、主張し、疲れた魂を休

めるための枕のようにそれを使いましょう。

神はもっと大きい。

もしあなたの神がもっと大きくなかったら、あなたが信じている神は小さすぎます。それは聖書が示している神でも教会が信じ続けている神でもありません。

主は地上の私たちに悲しみを送ってくださいます。それはときにひどく心を痛めます。しかし、その悲しみは私たちを地上から引き離します。あらゆる地上的なものへの過度のとらわれから私たちを引き離すといった方がよいでしょう。悲しみは神の贈り物でもあるということです。喜びに対するのと同じように、感謝の内にそれらの悲しみを受け止められませんか。

——修道院長　アルセニア

何《ナン》の神か、我が神の如く大いなる、

爾《ナンジ》は奇迹《キセキ》を行う神なり、

（我らの神のように大いなる神は誰か、あなたは奇跡を行われる神である）

——77詩篇（正教会の五旬祭の晩課・大ポロキメンの句）

67 それは夜だった

天使たちがベツレヘムの羊飼いたちに、その報せを告げたのが夜だったのには、深い意味があります。イエスが生まれたのが日没後だったのは偶然ではありません。この世が霊的なまた道徳的な闇に覆われていたからです。

神はしばしば、事態が最も暗いときにご自身を顕します。イスラエルの子たちがエジプト王ファラオの圧政から引きだされたのは夜のことでした。サムエルが「神の民の預言者となれ」という神の声を聞いたのも夜でした。神がダビデに彼の最も美しい詩篇を歌わせたのも夜でした。パウロとシラがフィリップの町の牢屋の中で神に祈り讃美を歌ったのも夜でした。

そして、キリストがベツレヘムで生まれたのも夜でした。その時、神の使いたちは「救い主が生まれた」と、栄光の内に宣言したのです。キリストの生まれた夜は、一年の内、最も長く最も暗い夜の一つでした。

この最も深い闇への主の降誕は、とても大切なあることを私たちに告げています。

深い闇の中でこそ、私たちは神の力と栄光を見いだせるのです。主が生まれた暗い洞穴の上に輝いた星々を見てごらんなさい。イエスはこの世の闇の中に、この世の光となるためにおいでになりました。扉を開けて主を迎え入れ、あなたの暗黒を追い払っていただきましょう。

著名な臨床心理学者M・スコット・ペック博士はある霊的な指導者の言葉を紹介しています。博士はこれを「落ちこみ」（うつ）に対する最も鋭い評言《コメント》の一つと述べています。

われわれの「落ちこみ」は傲慢と、神への祈りのかたくなな拒絶に深いところでつながっている」。落ちこんでいる人たちの『見せかけの自己卑下』を引っぺがせば、おそらくそこには彼らの心に居座る「傲慢」という堅い芯が見つかるだろう。だから教会は、いつまでも胸を打ちながら悔い嘆き続けることを、「ゆきすぎた良心の呵責の罪」と呼ぶ。これは高慢の裏返しに過ぎない。神が彼らを赦しているのにもかかわらず、彼らが自らを赦そうとしないなら、それはしばしば、『自分は神以上のものである』という無意識で頑固なうぬぼれの反映である。「神ではなく、私が裁く」と宣言しているに等しい。

その時もはや自分が神である。

68　闇の支配から光の王国へ

多くの人々にとって、今は夜です。落胆の夜、道徳的な弱さの夜、愛する者が、あるいはあなた自身が病気である夜、嘆きと死別の夜、孤独や罪の意識におびえる夜……。

しかし福音は伝えています。黒く分厚い雲の上には太陽が輝いていると。「世の光」であるお方イエスはあなたを闇の支配から引きだすために、あなたの内に入ってゆこうと待っています。

主は言いました。

「わたしは光としてこの世にきた。それは、わたしを信じる者が、やみのうちにとどまらないようになるためである」（ヨハネ12・46）。

聖使徒パウロも言っています。

「神は、わたしたちをやみの力から救い出して、その愛する御子の支配下に移してくださった」。

人間の身体は、希望の方向へとまるで強い引力に捕捉されたかのように引かれてゆくことがある。これが医者たちの秘密の武器が、患者のもつ希望であるゆえんだ。希望はどんな処方箋にも書かれてはいないが、隠されている成分である。
——ノーマン・カズンズ

69 メランコリー、化学的な不均衡《アンバランス》

メランコリーという英語は、ギリシャ語のメランコリアから来ています。このメランコリアという語は二つのギリシャ語の組み合わせです。メラナとコレです。意味は黒い胆汁《メラナコレ》。ギリシャ・ローマ時代の医術では、憂鬱《メランコリー》や落ちこみは胆汁の障害、すなわち体液の不均衡によると考えられていました。

今日になって、落ちこみの原因として不均衡が再び発見されました。いわく、「化学的不均衡」。医学はこの化学的不均衡を適切な薬によって克服する手段をすでに見つけています。この発見は文字通り「精神病院」をガラガラにしてしまいました。まさに神に感謝しなければなりません。だからもう、落ちこみや心の病気のために医師の処方に従って薬を飲むことに、引け目を感じてはなりません。私たちの祈

りに対する神の答えの一つとして、医学の処方に感謝することは「信仰」に反することではありません。

復活は被造世界《コスモス》の究極の本性を顕し、復活したキリストは悪の力に対し、我々に勝利を与え続ける。

——モートン・ケルセイ

70 無駄さ……

ウツに襲われると人は投げやりにつぶやきます。「何をやっても、無駄だよ」「なんで、生きてかなきゃなんないんだよ」。これはまさに詩篇作者が神に問うていることです。

「夜も昼もわたしは泣いています。重い過去がわたしの心を押しつぶします。神よ、あなたはわたしの心にどうして悲しみばかり送ってこられるのですか。どうしてわたしを捨ててしまったのですか。わたしはなぜこんなに苦しみ続けなければならないのですか。なぜこんなに悲しまなければならないのですか。なぜこんなに悩まなければならないのですか……」。

そして思いを神にぶつけた後、詩篇作者はこう言います。

「わたしが主に求めたとき、主はわたしに答え、すべての恐れからわたしを助け出された」（34詩篇）。

思いを神にぶつけるのはよいことです。最高の心理療法と言えるでしょう。それは心に安堵をもたらします。

神との分かち合いに加えて、人との分かち合いも大切です。よい友人や、司祭などと。そのために神は教会、神の民の共同体を与えてくれたのです。愛してくれる人々、ケアしてくれる人々が必要です。教会というのはつまるところ、それがすべてなのです。私たちは愛する民です。傷ついた人々のために手をさしのべる交わりです。

いのちの神よ、食い込む重荷が肩の皮膚を引き裂き、私は疲れ切って地に打ち倒されます。行く道はわびしく、はてしなく、灰色の空はまるで脅しているかのようです。生活から音楽が失せ、孤独な霊は萎え果ててしまいます。そんな日々には、神よ、お願いです、私たちが歩む道に、どうか光を溢れさせてください。約束に溢れた空を見つけ出させてください。　――聖アウグスティヌス

71 地獄のようなウツ

落ちこみは地獄です。

まず第一に、それは霊的な地獄です。そこでは、人は救いへの希望を捨ててしまいます。孤独感と「誰からも愛されていない自分」という思いが心を圧します。

第二に、それは肉体的、感情的な地獄です。たくさんの苦痛に満ちた症状が現れます。

執拗に続く悲哀感、希望の喪失または空虚感、
興味の喪失、活力の低下と疲労感の増大
睡眠障害、摂食障害、集中力・記憶力・決断力の低下
罪の意識、無価値観、よるべなさ、死と自殺の願望
興奮、大げさな嘆き、慢性的な痛みと苦痛、自己価値観の喪失
引きこもりと孤独、おかど違いの怒り、他者への極端な依存

疲労、自己憐憫と自己非難、不道徳な行為への耽溺

でも、忘れて欲しくないのは、これらの症状が強ければ強いほど、神もより力強くその克服を助けてくれることです。究極の罪は神の憐れみと力に絶望すること、無限のお方である神にも力の及ばない限界があると考えてしまうことです。

イエスは黄泉に降って、地獄を滅ぼし、楽園の扉を私たちに開いてくれました。このお方こそが、落ちこみという地獄を滅ぼすことができます。

この世で最も冒瀆《ぼうとく》的な言葉は「望みなし(hopeless)」ということばです。

72 落ちこんだ人を勇気づける「事実」

「落ちこみ」の暗い日々を通り過ぎてゆかなければならない時には、思い起こしましょう。

トンネルを抜ければ太陽の光が射しています。どんなに曇った日でも、黒雲の上には依然として太陽が輝いています。

「落ちこみ」は滅多に致命的にはなりません。ただ、「死ねるものなら、死んでしまいたい」と思うだけです。

「落ちこみ」は自分の惨めさを誇張して見せ、現実にそうであるよりはるかに絶望的だと確信させてしまいます。

それは曇ったガラス越しに人生を見るようなものです。

愛する隣人たちが落ちこみという地獄にいるなら、勇気づけてあげましょう。まちがってもあなたの憂鬱で彼らの憂鬱を増幅してしまわないように。太陽（sun）と御子（son）イエスを示してください。この二つは同じものです。イエスは言いました。

「わたしは世の光である。わたしに従って来る者は、やみのうちを歩くことがなく、命の光をもつであろう」（ヨハネ8・12）

われわれは霊的な体験をする人間的存在ではない。人間的体験をする霊的存在なのだ。

——テイヤール・ド・シャルダン

73　二十世紀の疫病

経験した者でなければ「落ちこみ」の苦しみは理解できません。経験したことのない人々はそれをあざ笑い、過小評価します。自殺の六割は「うつ病」が原因です。聖イオアンネス・クリュソストモスはうつ状態をこう描写しています。

「それは肉体ばかりでなく魂もまた攻撃する。それは魂から力を吸い取る執拗な殺し屋だ」。

それは肉体ばかりでなく魂もまた攻撃する。それは魂から力を吸い取る執拗な殺し屋だ。

——聖イオアンネス・クリュソストモス

74 クリスチャンの希望、落ちこみを克服するために大切なこと

人は希望なしには生きられません。

「この望みは、わたしたちにとって、……錨である」（ヘブル6・19）。

ナチスの強制収容所から生還したヴィクトル・フランクル博士は、そこで人を生き続けさせた最も重要な要因は希望だったと述べます（『夜と霧』）。博士は何百人もの囚人がたんに希望を捨ててしまっただけで、死んでいくのを目撃しました。希望を持ち続けた人たちが生き残ったのです。

聖使徒パウロはこう言います。

「わたしたちは、この望みによって救われているのである」（ローマ8・24）。

人は何も食べなくとも約三十日は生きられます。水なしなら、そこそこ三日間でしょう。空気がなければほとんど三秒間で即死です。しかし、希望を失えばもっと短時間で人は自分を滅ぼすかもしれません。

希望以上に人の心を養い支えるものはありません。ある実験結果によれば、ネズミのような下等動物

でさえ、閉じこめられた装置が脱出不能と知ると、生き延びる努力をあきらめてあっさり死んでしまうそうです。希望を失ったがゆえの死です。

博士はまた、希望の喪失が患者たちを死へと急がせることを教えています。あらゆる患者に最も必要なのに、最も手に入れにくいのが、希望です。

誰も人から希望を奪う権利を持っていません。よく生命あるところには希望があると言われますが、逆はもっと真実です。希望があるところ、そこには生命があります。ある人がこう言いました。「人にとって希望は、肺にとっての酸素のようなものである。……人間の命運が酸素の供給があるかないかにかかっているように、人間らしさの命運は希望があるかないかにかかっている」。

苦難にあるとき、絶望したとき、希望を見失ったとき、ダビデ王に倣《なら》おう。心を神に注ぎ出し、自分が何を必要としているか、どんな苦難にあるか、ありのままに神に告げなさい（詩篇142参照）。

神は私たちの告白する思いに思慮深く対応してくださるからだ。神は、私たちの利益になるならば、問題を忍びやすくしてくれ、破滅と腐敗をもたらす落胆から私たちを救うことができる。　――聖ヘシキウス

75 敗北主義病

合衆国国防総省が公開した機密文書から、朝鮮戦争（一九五〇～一九五三）の時、朝鮮の捕虜収容所で九千人あまりのアメリカ兵に何が起きたかが明らかになりました。捕虜たちの死亡率が米国史におけるどの戦争の場合よりも高かったのです。捕虜たちの三十八％が死にました。しかもそれは飢えによるものでも、伝染病によるものでも、まして大量処刑によるものでもありません。医療専門部隊にはまったく未知の精神病によるものだったのです。兵士たちはそれを「敗北主義病《ギブ・アプ・アイティエス》」と呼びました。彼らはあきらめ、希望を失いました。

兵士がホームシックに陥り、落ちこんでしまうと、部屋の隅に引きこもり毛布をかぶって壁に向かい合い、考え込んでしまいます。落胆と絶望に完全に打ち倒されると、しばしば四十八時間以内に死亡します。十八歳から二十二歳までの成人男性がこれほど大規模にこのような症状に陥ったという記録はかつてありませんでした。

軍隊が調査した結論は、これらの若者は、彼らの陥っている恐ろしい状況に立ち向かう勇気を与えてくれる、内面的な支えを持っていなかった、ということです。神の善きはからいと守護への揺るぎない信頼以上に、このような深い苦痛の中で力を与えてくれるものはありません。

「見よ、神はわが救いである。わたしは信頼して恐れることはない」(イザヤ書12・2)

この信頼を欠くなら、人はやがて敗北と絶望の冷え冷えとした水に沈んでしまうでしょう。

見よ、神はわが救いである。わたしは信頼して恐れることはない。

——イザヤ書12・2

76 クリスチャンの楽天主義

真のクリスチャンは悲観主義者ではあり得ません。しかしキリスト教の楽天主義は子供っぽい「おめでたさ」ではなく、神と、神がキリストを通じてなされたこと、また私たちのためになし得ることに基づきます。その神は愛によって罪を赦し、その十字架の死が死の力を滅ぼしました。「この世では悩みがある」とイエスは真実を隠しません。「しかし」、主はすぐにこう励まします。「勇気を出しなさい。わたしはすでに世に勝っている」（ヨハネ16・33）。

聖使徒パウロはこう言っています。「わたしたちは、すべての人の救い主、特に信じる者たちの救い主なる生ける神に、望みをおいてきた」（テモテ前4・10）。

人がもし希望を持たないなら、それはその人が「神は死んだ」かのように生きているからです。パウロは図星をついて、不信仰な人々を「この世の中で希望もなく神もない者」（エペソ2・12）と描写します。パウロが言うように「神のない者には、希望がない」のです。すでに一度申し上げたことですが、神に対する最大の冒涜は「希望がない」と言ってしまうことです。ある状況、またある人について「希望がない」と言うなら、それは神の顔の前でぴしゃっと扉を閉じることです。

> わたしたちは、すべての人の救い主、特に信じる者たちの救い主なる生ける神に、望みをおいてきた。
>
> ――テモテ前書4・10

77　喜ばしい希望

この世的な必要や望みへの希望は、決して悪いものではありません。人は誰でも健康や仕事の成功、また家族への希望を持ち、そのために骨折らなければなりません。しかし、より高い永遠の希望、それだけが人生に意味と方向性を与えてくれる希望があることを忘れてはなりません。ご自身を信じる者が「ひとりも滅びないで永遠のいのちを得るために」「その独り子を賜ったほどに、この世を愛して下さった」（ヨハネ3・16）私たちの神への希望です。

神が存在しなかったなら、またもし神が、ご自身が創造したこの世を慮っていなかったら、イエスは来なかったはずです。しかしイエスは来ました。来てくださったからには希望があります。もし主が呼びかける悔い改めも、また主が約束する赦しもないなら、人生は誰にとっても無意味です。もし死ですべてが終わってしまうなら、人生はまさしく「白痴の語るただ一場の物語」（シェークスピア「マクベス」から）でしょう。

逆に、私たちはイエスに赦しといのちを見いだします。彼は希望です、喜ばしき希望です、救いです。そのような希望こそが私たちから落胆を閉め出します。魂を養うために毎日、神のことばを傾《う》けなければばなりません。「人はパンだけで生きるのではなく、神の口から出る一つ一つの言《ことば》で生きる」（マタイ4・4）のです。肉体に毎日栄養が必要なように、魂にも栄養が必要です。栄養失調の魂は、肉体的にも霊的にもたやすく落ちこみます。

もし主が呼びかける悔い改めも、また主が約束する赦しもなかったなら人生は誰にとっても無意味です。

78 私たちは望みを持たない外の人たちのように悲しまない

聖使徒パウロはクリスチャンは希望の民であると教えています。

「あなたたちは、望みを持たない外の人々のように悲しんではならない」（テサロニケ前4・13）。

「これまでに書かれた事柄は、すべてわたしたちの教えのために書かれたのであって、それは聖書の与える忍耐と慰めによって、望みを抱かせるためである」（ローマ15・4）。

キリストは喜ばしき希望の報せを携えておいでになりました。彼は希望としての神を示しました。そ

して希望としての人と、希望としての歴史を。この歴史はキリストの再臨の時に極《きわ》まります。

アレクサンダー大王は彼の何度目かの東征にのぞみ、友人たちに様々な贈り物を配りました。その気前良さは度外れていて、ほとんどの財産をそのために使ったと伝えられます。

「閣下」、友人の一人が心配して尋ねました。

「あなたのものは、何もかもなくなってしまうではないですか」。

それに対し、王はこう答えました。

「いいや、そうではないよ。私には希望が残っている」。

クリスチャンたるもの、すべてを失っても、神への希望は決して失いません。神の恵みはすべてに対して充分であり、その力は弱いところに完全に現れます（コリント後12・9）。「希望のない状況」はあり得ません。希望を失ってゆく人々がいるだけです。

そして「希望を失ったクリスチャン」は存在し得ないのです。

ある人が言いました。「苦難は人生全体を染め上げます、そうですよね」。

「その通りです」と私は答えました。「しかし、どんな色で染め上げるかはわたしたちが選ぶのです。

クリスチャンが選ぶ色は『希望』という色です」。

「わが魂よ、何ゆえうなだれるのか。何ゆえわたしのうちに思い乱れるのか。神を待ち望め。わたしはなおわが助け、わが神なる主をほめたたえるであろう」（42詩篇）

ある人が言いました。「苦難は人生全体を染め上げます、そうですよね」。

「その通りです」と私は答えました。「しかし、どんな色で染め上げるかはわたしたちが選ぶのです。クリスチャンが選ぶ色は『希望』という色です」。

79　暗黒の中の大いなる光

預言者イザヤは言いました（イザヤ書9・2）。

「暗闇の中に歩んでいた民は大いなる光を見た。暗黒の地に住んでいた人々の上に光が照った」。

この光こそイエスです。

「神が御子を世につかわされたのは、世をさばくためではなく、御子によって世が救われるためである」(ヨハネ3・17)。

イエスこそ私たちの希望です。

クリスチャンは、どんなときでも希望を失いません。「出口なし」としか思えない困難な状況にあっても、必ず出口があると確信しています。クリスチャンはキリストという出口を知っているから。クリスチャンは、たとえ苦難や悪でさえ、神を愛し神と共にある者には、最後はよきものとして働くことを知っています(ローマ書8・28参照)。クリスチャンは、たとえ死でさえもキリスト・イエスにあって神の愛から自分を引き離すことはできないことを、知っています(ローマ書8・39参照)。クリスチャンは、イエスを信じる者にとって今の苦難はやがて顕れる光栄に較べれば何ほどのものでもないことを、知っています(ローマ書8・18)。

福音全体に響き渡っているのは、これらの希望への呼び声です。

神は人に呼びかけます。「来なさい(come)」と……。

「さあおいで下さい。もう準備ができましたから」(ルカ17・17)。

「かわいている者はここに来るがよい。いのちの水がほしい者は、価なしにそれを受けるがよい」(ヨハネ黙示録22・17)。

「すべて重荷を負うて苦労している者は、わたしのもとに来なさい。あなたがたを休ませてあげよう」(マタイ11・28)。

「さあ、ここへ来て、世の初めからあなたがたのために用意されている御国を受けつぎなさい」(マタイ25・34)。

これが私たちの希望です。

子供たちに、日々神との交わりを持つことを教えるのは、たんに医学的観点からも、最高に重要である。そのような習慣は、人の知るいかなる治療薬よりも霊を鎮め、心を強くすることができる。

——英国医学会

80

誰が未来を掌握しているか、私たちは知っている。

クリスチャンの希望は神への信頼です。私たちの明日をすすんで神に委ねることです。その希望は、明日は今日より悪くなる可能性も承知の上の、現実的な希望です。明日、苦難に遭うかもしれません。明日、しくじるかもしれません。明日、死ぬかもしれません。しかし神は、明日も今日と同様に、私たちと共にいてくださいます。苦難する私たちを耐えさせ、力づけ、その永遠の両手で支え、無惨なしくじりを有益な経験へと変容し、死のただ中にいのちを与えてくださいます。私たちは未来に何が待ち受けているかを知りません。しかし誰が未来を掌握しているかは知っています。

こう言った人がいます。最悪の罪は愛されていると信じないことだ、と。そこから絶望が始まるからです。愛されていると信じないなら希望はありません。絶望があるだけです。

しかし、あなたは愛されています。深く愛されています。他ならぬあなたへ向けられた愛によって、愛されています。その愛は永遠に絶えることがありません。あなたを愛してくれるのは、あなたを創り、あなたをあがなった神です。その神とあなたとの隔てを越えるには、祈り一つで充分です。

私たちは未来に何が待ち受けているかを知りません。
しかし、誰が未来を掌握しているかは知っています。

81

嵐についての哲学

生きてゆくのに必要なのは「嵐についての哲学」です。

えっ？「嵐についての哲学」ですって？

その通り！　嵐は木材を強く鍛えるために与えられます。嵐は地面を鋤返し、種子を受け入れやすくするために与えられます。嵐は人類を試みるために与えられます。嵐は過酷なものですが、その偉大さは、それは人生を鍛え、築き上げます。

桁外れに丈夫な木材が何とか見つからないものかと探していた人が、それをついに山の頂上で見つけたと聞いたことがあります。風の勢いが最も強い場所です。木々は強風に耐えることで、その根を深くし木質を頑丈に育てます。人生の中で嵐に遭わない人などいるでしょうか。誘惑の嵐に、しくじりの嵐に、悲しみの嵐に、病気の嵐と無縁の人などいるでしょうか。

イエスは私たちを、「嵐から」ではなく、「嵐の中で」救います。嵐は人を肉体的に、精神的に、感情的に、そして霊的にうち叩きます。しかしその、吹き荒れる嵐のただ中にイエスはおられます。そして私たちがその嵐が巻き起こす波の上に立つことを助けてくれます。主は一人ひとりの信徒にこう言います。「しっかりするのだ、わたしである。恐れることはない」（マタイ14・27）。

嵐は過酷なものですが、それは人生を鍛え、築き上げます。

82　燃えさかる炉のなかで

旧約聖書に次のような美しい物語があります。ヘブライ人の三人の若者が燃えさかる炉に投げ入れられました。彼らが唯一の真の神への信仰を曲げることを拒み、ネブカドネザル王の金の彫像への礼拝を拒否したからです。（ダニエル書3・13—30）

「その時、ネブカドネザル王は驚いて急ぎ立ちあがり、大臣たちに言った、『われわれはあの三人を縛って、火の中に投げ入れたではないか』。彼らは王に答えて言った、『王よ、そのとおりです』。王は答えて言った、『しかし、わたしの見るのに四人の者がなわめなしに、火の中を歩いているが、なんの害をも受けていない。その第四の者の様子は神の子のようだ』」。

私たち教会は信じています。四番目の人物は、救い主キリスト、「神は我らと共にす（インマヌエル）」と呼ばれる方の預象です。神は常に共にいてくださる、とりわけ「燃えさかる炉」のような状況にこそいてくださいます。人生における苦難の問題について私は充分満足できる答えを持っていません。しかし人生でのどんな厳しい状況の中でも、第四番目のお方（神の子）は私たちと共に歩んでくださっている、そう確信することで安堵するのです。主は言います。

「あなたが水の中を過ぎるとき、わたしはあなたと共にいる。……あなたが火の中を行くとき、焼かれることもない」（イザヤ書43・2）。

炉からは三人の若者が無傷で、しかも煙の匂いさえさせずに出てきました。

しかしもう一人の人物、（第四番目の人物）は炎の中に留まり続けました。この人物を教会はキリストであったと信じています。主は今もなお私たちが、またあなたたちが「燃えさかる炉」の中を通らねばならないとき慰め守ってやろうと、そこで待っているのです。

ネブカドネザル王は三人の若者が炎の中から生きて戻ってきたとき叫びを上げました。

「このように救うことのできる神は、他にはない」

このように救うことのできる神は、他にはない。

——ダニエル書3・29

83 炎からではなく炎をくぐって

神は三人の若者を、燃える炉に投げ込まれることから救ったのではありません。炎の中から救い出しました。三人は「炎をくぐって」脱出したのです。

ある男性はこう証しました。

「診察室で医者から『たぶん大きな手術が必要でしょう』と言われた時、私はひどく動転してしまいました。いくつもの検査を受けていく間、『どうか手術が必要ないように』と祈り続けました。結局は手術のために入院と決まりました。私は神が助けてくれなかったことに怒りを感じました。

しかし主は、その間いつも共にいてくださり、『出口』まで連れて行ってくれました。やがて私は入院生活の中でしだいに平安と静謐の感覚を与えられてゆきました。家族と友人たちが支えとして送られました。主は、手術の間も最後まで共にいてくれ、私は癒されました」。

しばしば私たちは、炎をくぐらなければならなくなる前に「お助けください」と祈ります。しかしクリスチャンは平穏無事な人生を約束されてはいません。「あなたがたは、この世ではなやみがある」（ヨハネ16・33）とイエスご自身が断言しています。

炉の燃えさかる炎の間をくぐってゆかなければならない時、主はその炉の中でちゃんと私たちと共にいてくださり、切り抜ける道とよみがえりを用意しています。この三人の若者が信仰と勇気を失い、不平を叫んだらどうだったでしょう。「神はどうして私たちを炉の外にとどめて置いてくれなかったのだ」。しかし彼らが炉の外にいたら他の人たちといっしょに燃え尽くされていたでしょう。神はネブカドネザル王に讃美されないままだったでしょう。

大きな試練があったなら、それを敗北として受けとめないでください。反対に、その試練によって自分をもっと成長させてくれる神の勝利を信じて求め続けましょう。そうすれば、その「神の勝利」がやがて、あなたの人生に目に見えるものとなるでしょう。その勝利を包む光栄を見るでしょう。私たちをどんなに厳しい場所に置いても、神はそのような信仰の勝利を体験する機会を与え続けているのです。それを決して忘れないようにしましょう。

炎は物質を溶解させ、不純物を精錬し、柔らかく加工しやすくします。神も炎のようなものです。私たちをいったん溶かし、ご自身のかたちへと変容します。

84　砕けた魂

「神の受け入れられる犠牲《いけにえ》は砕けた魂です。神よ、あなたは砕けた悔いた心をかろしめられません」。(51詩篇)

力の限界をとことん知り、自分が全く神に依存しているのを知るのは、ほとんど絶望的に砕かれ押しつぶされる時だけです。神の前で真にへりくだれるのは、砕かれた時しかないようです。「主は心の砕けた者に近く、魂の悔いくずおれた者を救われる」（詩篇34・18）。

私たちが砕かれ、押しつぶされたときほど、主が寄り添っていてくださる時はありません。主は私たちのために砕かれた断片を集め、ご自身の目的にかなうより良い姿に造りかえてくれます。ある聖人が言いました。「私はイエスに砕かれた霊を献げます。主はそれをとり、新しい、美しい人生を私に与え直してくれるから」と。

砕かれよう。より美しくなるため、より潔き者となるため、よりへりくだれるため、より思慮深くなるため、より細やかな受容力を得るため、神の恵みに心をより開くために。

がっかりすることは何もないよ。キリストが何もかもに打ち勝ったからね。アダムを起こし、エヴァを解き、死を殺したのだ。

——サーロフの聖セラフィム

85　神の摂理の言葉

全能の神は、成功においても失敗においてもともにプラスに働いて、私たちを救いへと導いてくれます。一時的な損失は、霊的な損失ではありません。そしてどんな厄介ごとも、悲しみも、苦痛も、病気も神の摂理の言葉、秘密の暗号です。聖霊に助けられてそれを解読すれば復活であり、喜びであり、永遠の栄光です。

自然と同じように、心に雲がかかり昼の明るさが奪われるときがあります。しかし雲はずっとそこにあるのではなく、やがて通り過ぎます。新しい光がいっそうの力を帯びてまた射し込みます。

——クロンシュタットの聖イオアン

86 落ちこみと罪

落ちこみは罪であり得るのでしょうか。はい、もしその落ちこみが絶望へと追いやるのを放っておけば、それは罪となるでしょう。階梯者聖イオアンネスはこう述べています。

「落ちこみは絶望へと導いてゆく力を持っている。……落ちこみは目的意識の喪失として始まり、絶望、霊的な死として終わる。……絶望ほど悪性の罪はない」。

しかし、落ちこめば必ずしも絶望に至るというわけではありません。この世的な悲しみは絶望へ至らせると聖使徒パウロは言います。でも信仰による悲しみは悔い改めに導きます。そして赦しへと導かれ、神との和解に至らせます。罪による落ちこみが、もし人を悔い改めに導くならそれはよいものです。

こう言ってもいいでしょう。罪が引き起こす、正しい落ちこみと罪を深める間違った落ちこみがあると。悔い改めに導く落ちこみは善いものです。もう一度、階梯者聖イオアンネスを引用しましょう。

「悔い改めは希望の娘である。それは絶望の拒否だ」。

この世的な悲しみは絶望へ導かれ、信仰による悲しみは赦しと神との和解に導かれる。

87 失望による攻撃

キリスト教の偉大な古典「見えざる戦い」にある言葉です。

あなたを失望が襲ってきたら大急ぎで心に言い聞かせなさい。まず何よりも、それは敵の仕業であり、あなたが自分の犯した多くの罪を思い起こした当然の報いなどではない、と。

罪の記憶はへりくだりと悔やみと、そして義と憐れみの神を傷つけてしまったことへの心からの悲しみをもたらす。だから、それがたとえ恐れをもたらしても、この恐れは神の憐れみへの希望を消し去らない。そしてこの記憶は恐れとともに、救いへの全幅の信頼を生み出し、見捨てられたという感覚を完全に取り除いてくれる。

これを知るなら、罪の記憶がもしあなたを絶望へと強い、そこへ投げ込むなら、それは悪魔の仕業とわかるだろう。

それだけではなく、わたしたちは艱難をも喜んでいる。なぜなら艱難は忍耐を生み出し、忍耐は練達を生み出し、練達は希望を生み出すからである。そして希望は失望に終わることはない。なぜならわたしたちに賜っている聖霊によって、神の愛がわたしたちに注がれているからである。

——ローマ書5・3—5

88 神は堕落から引き上げてくれる

タチアナ・ゴリチェヴァ（ソヴィエト時代の反体制家・様々な思想に傾倒して最後は正教に転じた）は15歳で自殺した子供時代の友人について語っています。彼女の死について、思いを巡らした末に、彼女は次のような結論に達しました。

彼女が死んでから20年たった今、私はその死をクリスチャンの言葉で言い表すことができる。彼女は自分の罪深さを見つけたのだ。彼女は根本的な真理を発見した。つまり、人は弱く不完全なものであると。しかし、彼女はもう一つの真理を見いださなかった。それは先の真理よりもっと重要なものだ。神は人を救うことができる、その堕落から引き上げ、はかりしれない最も暗い闇から人を引き出すことができるという真理だ。誰も彼女にこの希望について何も教えてくれなかった。だから彼女は死んだ。絶望に組み伏せられて。

そのような絶望から人を救うことができるのはイエスだけです。ブーレーズ・パスカルは言っています。

「自分のみじめさを知りながら、神については知らない者は、絶望にいたる……。キリストのうちに、我々は神と、我々の悲惨の両方を見いだす。イエス・キリストは、それゆえ、我々が高ぶりを捨てて近づき、その前で、絶望することなくへりくだれるお方である」。

神は人を、はかりしれない最も深い闇から引きだすことができる。

——タチアナ・ゴリチェヴァ

89 心の毒、侮辱された記憶

「階梯者」聖イオアンネスはこう言います。

侮辱されたことの記憶は怒りの残滓である。怒りは罪を生かし続け、正義を憎み、徳を滅ぼし、心を毒し、精神を腐敗させ、集中力を失わせ、祈りを麻痺させ、愛を遠ざけ、そして魂を釘で刺す。イエスの受難を思い起こせば、あなたの恨みはいやされる。主の忍耐の記憶が、恨みにとらわれ続ける自分を恥じさせるからだ。

傷つけられたことを忘れるなら、それは真剣な悔い改めのしるしだ。その思い出を持ち続けるなら、あなたは自分では悔い改めたと信じているかもしれないが、それはまるで眠りながら走るようなものだ。侮辱されたことを憶えていたって、大した問題ではないと思ってはならない。この闇は時には霊的な人々の目でさえ曇らせるのだから。

あなたが持っているすべては神であるなら、あなたはあなたが必要としているすべては神であることを見いだすであろう。

90　悪魔の攻撃への抵抗

悪魔が人々を落ちこみへ追い込もうとするときの侮《あなど》れない力をよく知っておきましょう。教会の師父たちはそれを心得ていました。たとえば、霊的指南書の古典であるEvergetinos（「慈善家」）は、悪魔が私たちを落胆させ否定的にさせようと誘惑するために、よく用いるやり口を紹介しています。


悪魔《サタン》が罪を犯した一人の兄弟のもとに現れて言った。

「君はクリスチャンではない」。

兄弟はこの悪魔の投げ込んでくる思いの罠にかかることなく、答えた。

「クリスチャンであろうがなかろうが、今は何はともあれ、すぐにおまえから逃げよう」。

悪魔は彼を絶望に落とそうと、もう一度言った。

「君は地獄に堕ちようとしている、そう言っているんだ」。

兄弟は勇気を失うことなく、再び答えた。

「おまえは私の裁判官でも神でもない」。

悪魔はなすすべなく立ち去った。

そして兄弟は神の前に真剣に悔い改め、勇敢に罪と戦う者となった。


「悲しむな」と言いたいのではない。それは私たちの力に余ることだ。「悲しみにあなたの心を引き渡し、煽り立てられるに任せてはいけない」と言いたいのだ。その悲しみが心の境界を越えて入ってこないように、急いでそれを和らげ抑制しなさい。あなたが分別を持って考え、正しく振る舞うことを、悲しみに邪魔させないためである。

——聖山アトスの聖ニコデモス

91 「英雄的」な課題を避けること

時として悪魔は、祈りなどの信仰のわざにおいて、「英雄的」な課題へと人を駆り立てることがあります。

「聖大アントニオスの生涯」には、「修道の初心者たちは時々、眠ってしまったらすぐに起き上がって祈らねばならないと思い込む」とあります。聖アントニオスはこれらの、祈ることへの異常に強い強迫的な義務感は悪魔的なものであると警告しています。彼は、彼らをそのような極端な祈りの実践に駆り立てているのは悪霊たちの仕業だと警告します。それは敬虔な信仰や真理のためではなく、ナイーブな人々を最後には落胆させ、「いっしょうけんめい祈ったって何の役にも立たない」と思わせるためなのです。人を人間的に不可能なことに挑ませることで、悪魔は祈りを断念させ、神との関係に入ってゆく望みを絶とうと躍起になるのです。霊的著作のもう一つの偉大な古典「競技場（The Arena）」（聖イグナティ・ブリャンチャニノフ）もこう言います。

神を喜ばせようと望むなら、何よりもまず忍耐と希望が必要だ。悪魔の策略の一つは、私たちが悩み苦しんでいるとき、落胆によって神への希望と信頼から引き離すことである。

教会は「自分についての英雄的《ヒロイック》なイメージを捨てる」よう教え続けてきました。それは自分が弱く傷つきやすいものであることを知るため、その弱さに見合った課題を引き受けるため、そして大きなものだけでなく小さなものも、課せられた課題である限り、それを果たせば神に光栄を帰すこととなることを悟るためです。いや、しばしばもっともっと小さな課題、主の名によって与えられるコップ一杯の冷い水が、神の名にいっそう大きな光栄をもたらすのです。

悪魔の策略の一つは、悩み苦しんでいるとき、落胆によって、神への希望と信頼から引き離すことである。

——聖イグナティ・ブリャンチャニノフ

92 聖大バシレイオスの書字板

教会の師父たちがいつも肝に銘じていたのは、悪魔はその最も有効な武器「落ちこみ」によって、絶え間なく私たちを攻撃してくるということでした。ニッサの聖グレゴリイは言います。

「罪の意識ほど、魂の重荷となり、心を引き倒すものは他にない」。

聖イオアンネス・クリュソストモスも言います。

「良心の呵責に苦しめられる人はその心に『去ることのない冬』を、次々と襲いかかる荒波を宿している。そんな人にとって眠りは甘い安息どころではなく覆いかぶさる怯えと恐れである。食事にも、友人たちとの語らいにも何の喜びも感じられない。そんなことで取り去れるような苦しみではないのだ。サタンが私たちの罪を使って絶望に向かわせるからだ。このサタンの力にあらがうのは至難である」。

だからこそ聖師父たちは繰り返し、止むことなく強調します。「悔い改めによって赦されない罪は一つもない」と。たとえ何度罪に落ちても、それは絶望を正当化する理由にはなりません。たとえば聖大バシレイオスは、二つ折りの書字板にたとえます。一方のパネルには「すべての罪はきわめて深刻である」と書いてあり、対するもう一方のパネルには「神は、私たちが悔い改めさえすれば、どんな罪でも赦す」と書いてあります。

ソフロニイ神父はかつてこう言いました。

「地獄に留まり続けなさい。しかし絶望してはならない」。

これは言い換えれば「あなた自身の罪をたゆみなく覚え続けなさい、しかし決してその『地獄』に、あなたを絶望へ落とすことは許してはならない、なぜなら私たちを愛して止まない慈悲深い救い主がおられるからだ」。

「罪の増し加わったところには、恵みもますます満ちあふれた」

——聖使徒パウロ　ローマ5・20

93　それだけのこと

教会の聖師父の中で、イオアンネス・クリュソストモスほど罪を犯した者が絶望することを恐れた者はいません。「罪に堕ちたフェオドルへの勧告」の結びでこう言っています。「絶望だけはしてはいけない」。彼はいくつかの講話で、神の赦しをいただくことが、いかにたやすいかをくり返して言っています。「罪を犯してしまったのだね。では神に申し上げなさい、『私は罪を犯しました』と。それだけのことだよ」。

母の胸に抱かれている子供のように、神と共にいなさい。神があなたを愛していることで満足して。

——H・シュワルツ

94　主宰の寛大さ

聖イオアンネス・クリュソストモスの次の言葉ほど、「主の寛大さを凌駕する罪は絶対にない」ことを、力強く教えてくれるものはありません。

どんな罪も神の寛大さを凌駕するほど大きくはない。たとえ不義密通であれ。主の恵みと愛の力はすべての罪を払いのけ、罪人たちを火の光よりも明るく輝かせるのに十分である。……キリストご自身が全人類に向けてこう言っている。

「すべて重荷を負うて苦労している者は、わたしのもとに来なさい。あなたがたを休ませてあげよう」（マタイ11・28）。

主の招きは思いやりからのものである。主の善良さは筆舌に尽くしがたい。

……主は、誰に呼びかけているのか。

不法を働き続けてきた者たち、自らの罪の重圧に押しつぶされそうな者たち、やましさに顔も上げられない者たち、恥辱によって何も言えない者たち……。

ではどうして主は、彼らに呼びかけるのだろうか。釈明を求めているのか、裁判に訴えようとしているのか。そうじゃない。

ではどうして？

彼らの苦痛をやわらげてやるため、彼らの背負う重い荷物を下ろしてやるためだ。罪ほど重い荷があり得るだろうか。

主はおっしゃる。わたしは、罪によって押しつぶされ、のしかかる重圧で圧しつぶされそうなあなたを元気づけてやりたい。あなたに罪の赦しを与えたい。すぐにわたしのもとに来るがよい！

自分の武器だけに頼って悪霊たちと戦おうとするほど、愚かなことはない。

——ヘンリー・ナウエン

95　神のための場所作り

「砕かれる」ことは必ずしも悪いことではありません。神は時に、私たちの心にご自身が入る場所を造

るため、私たちを少々お砕きになります。それはご自身の愛の芳香をそこに注ぎ入れ、そこから、私たちを通じて他の人々にもそれを注いでゆくためです。

私たちの心は私たちの自我・エゴがそこに居すわり、それらが支配するがっちり要塞化された小さな王国です。それが壊されない限り、私たちの情念、野望そして欲望以外のものが入り込む余地はありません。心が砕かれ、その「要塞」が開城されない限り、イエスといえども私たちの心にご自身の王国を打ち立てることはできません。砕かれてはじめてイエスがそこに入り、私たちの自己中心性を主の愛に取り替えることができるのです。これが多分、初代教会の文書「ヘルマスの牧者」がこういう理由でしょう。

「私たちの心と骨を砕くまで、神は私たちのもとを立ち去らない」。

悔いに砕かれて、はじめて神の赦しの美しさを味わうことができます。

弱さに砕かれて、はじめて神の強さを体験できます。

苦難に砕かれて、はじめて神の恵みの美しさ

正教会は古代教会の三人の偉大な主教たちを「三成聖者」と呼んで讃えます。向かって左から聖大バシレイオス、ナジアンザスの〈神学者〉グレゴリオス、イオアンネス・クリュソストモスの三人の聖人

と慰めを知ることができます。
砕かれて、より聖なるものへとなってゆきます。

私たちの心と骨を砕くまで、神は私たちのもとを立ち去らない。

——「ヘルマスの牧者」から

96 もう1ラウンド、戦え

新約聖書では、クリスチャンの生活に求められる持久力を表すために、一つの特別な言葉が用いられています。ギリシャ語の「イポモニ」という語です。ふつう「忍耐」と訳されますが、この語にはもっと深い意味があります。それは、たとえすべてが悪い方へ向かっていると思えるときでも、なすべきことを行うために平静さを保つ能力としての自制力です。「イポモニ」は聖霊の賜物です。祈り求められなければなりません（ガラテヤ5・22「御霊の実は、愛、喜び、平和、寛容、慈愛、善意、忠実、柔和、自制であって、これらを否定する律法はない。」）。

ウェリントン公爵はかつて「どうしてあなたの兵隊たちは連戦連勝なのですか」と尋ねられました。

彼は「彼らは格別勇敢でも卓越しているわけでもありませんが、他の部隊より五分余計に持ちこたえるのです」。

持久力です。

有名なボクサー、ジェームス・J・コルベの次の言葉も味わうべきものです。

もう1ラウンド、戦え。
足が疲れ切り、リングの中央からよろめきながら後退するときも
もう1ラウンド、戦え。
腕が疲れ切り、ほとんど上げておれず、ガードができないときも
もう1ラウンド、戦え。
鼻血が流れ目がくらみ、疲労困憊の末に、はやく敵がアゴに一発くらわせておれを眠らせてくれたら、と思うときも
もう1ラウンド、戦え。
もう1ラウンド戦う男は、いつでも決して打ち負かされないことを、覚えていろ。

彼らは格別勇敢でも、卓越しているわけでもありませんが、他の部隊より五分余計に持ちこたえるのです。

——ウェリントン公爵

97 宮殿造営中

C・S・ルイスはこう言っています。

自分自身を生きている家だと想像してみよう。その家に神が入ってきて、改築工事を始める。たぶんまず最初のうちは神が何をしているのか、理解できるだろう。配水管を直し、屋根の水漏れを止め、次に……。しかしやがて神は家のあちこちを叩き始める。この家はまるで忌まわしいほどにぼろぼろで、どうにもならない、と言わんばかりに。一体全体神は何をしようとしてるんだ。種明かしすれば、あなたが思っていたのとはまったく異なった建物を造ろうとしているのだ。新しいウイングを張り出させて、もうワンフロア増やし、塔を建て、中庭を設けて……。あなたは瀟洒《しょうしゃ》で小さなコテージに造りかえてもらえると思っていた。しかし神は宮殿を造っているのだ。そして、そこにご自分がお住まいになろうとしている。

物事が行き詰まっているなら、きっとその時、神はご自分のためにあなたのすまいを取り壊そうとしているのです。それはあなたのプライドかもしれません。あるいは「我」かもしれません。いずれにしても、神の目的は小屋を建てることではなく宮殿の、大聖堂の建設です。あなたの心に永遠のすまいを建立しようとしているのです。引き倒されたあなた自身を、砕かれた悔いた心とともに神の前に引きずってゆきましょう。神はそれを祝福に変えてくれます。あなたはいつも「工事中」なのです。

あなたは瀟洒で小さなコテージに造りかえてもらえると思っていた。しかし神は宮殿を造っているのだ。そして、そこにご自分がお住まいになろうとしている。

——C・S・ルイス

98　永遠の楽天家

主の復活を信じているからには、真のクリスチャンは永遠の楽天家です。楽天家であることでやっかいなのは、人々があなたを単純な世間知らずだと思うことです。現実に起きていることを何も知らないと。

しかし真のクリスチャンは単純な世間知らずからほど遠い人々です。この世には戦争を望む邪悪な人たちがいることも、ガンや多発性硬化症のような病気があることもよく知っています。しかし、それでも彼はあくまで楽天家です。キリストにあって、自分が賞金のかかった宇宙的なレースの勝利のチケットを握っているのを知っているからです。

真のクリスチャンは下へ向かう階段しか見ていないのではありません。天の玉座に座し給うお方へ向かう階段も見ています。そのお方はこう言いました。

「あなたたちにはこの世では悩みがある。しかし勇気を出しなさい。
わたしはすでに世に勝っている」（ヨハネ16・33）。

あるクリスチャンがこう言いました。

「もし私がキリストの内にあるなら。そのキリストは打ち負かされたキリストではない。かつてこの惑星で勝ち取られたものの中で最も偉大な勝利『死に対するいのちの勝利』を勝ち得たキリストである。彼はご自身のためだけではなく、ご自身を信じる人々のためにもその勝利を獲得したのだ。それは死ん

だ過去から凱旋の未来へと歩み出す力を与えるためである」。

キリストは、とりわけ悲しみと共にあるあなたを記憶することを、あなたはご存じですか。

——聖アレクセイ

99　芳香を放つために砕かれる

「その時、マリヤは高価で純粋なナルドの香油一斤を持ってきて、イエスの足にぬり、自分の髪の毛でそれを拭いた。すると香油のかおりが家いっぱいになった」（ヨハネ12・3）。

高価な香油の瓶は砕かれて初めて、その香りを放ちました。私たちも香りを放つために砕かれねばならない時が、しばしばあります。最近「砕かれることがもたらす霊性と癒し」について、ある記事を読みました。私はこれまで「砕かれる」ことを「霊性」と結びつけたことも、その癒す働きに思い及んだこともありませんでした。この記事はまずこう言います。「福音は、砕かれた人生の『悪しき報せ』に沈められた者にとってのみ、『よき報せ』（福音）となる」。

また難病で若くして世を去ったアメリカの女流作家フラナリー・オコナーはこう書いています。

「病気は長期のヨーロッパ旅行よりもはるかに、教えるところ大である」。

まことに、福音は砕かれるという『悪しき報せ』をまず受け取った者にのみ『よき報せ』となります。

神は砕かれ壊れたものを、私たちの人生の内で、ご自身の神聖なる目的に仕える善きものへと作り直すのです。神は砕かれた心、壊された人生を用いて、奇跡を起こすことができます。……もし私たちがそれらの破片を神に差し出すなら。しかしほとんどの人がそれをしません。

神学者ハンス・フォン・バルタザールは次のように主イエスに語らせます。

これはわたしの勝利だった。復活は十字架にあった。
この世の墓は死によって開かれた。深淵へ躍り込むことが天へ昇ることだった。
いまや、わたしは世界を満たしている。
そしてついにすべての魂が、わたしの死によって生きている。

100 身投げの橋への途中で

絶望して自殺を決意した男がいました。彼は身投げのために選んだ橋へと、市街を横切る長い道を歩き始めました。ただ彼は一つだけ自分自身と約束していました。もし途中で微笑みを絶やさない、幸福そうで、その表情に思いやりが溢れている柔和な人物に会ったら、彼の「苦い用事」は取りやめて帰ろうと。……奇妙なことにこの話は、彼がその「用事」を身投げによって成し遂げたか、取りやめたかについては、沈黙したまま終わっています。それによってこの話は一つの問いを私たちに投げかけているのではないでしょうか。ときどき不意に心に浮かぶ私のこだわりといってもいいのですが。

想像してみてください、もし男がその道で出会ったのがあなたなら、彼は歩みを転じて家に帰り、勇気をふるって人生を受け取り直したでしょうか。「うつ」が流行性感冒のように蔓延しているのがほんとうなら、また「うつ」が毎年アメリカ人の十分の一の人生を傷めつけているのがほんとうなら、私たちは毎日必ず「うつ」に人生をむしばまれている人に出会っているに違いありません。

私たちの顔に微笑みがあるでしょうか。希望と慰めをもたらす親切さが表れているでしょうか。その微笑みや親切さが命を救えるのです。魂を救えるのです。私たちクリスチャンは「世の光」「地の塩」と呼ばれてはいなかったでしょうか。

神は曲がりくねった線で、直線を描くことができる。

101

分かち合われる贈り物

神からの最も大いなる贈り物の一つに希望があります。しかしそれは人々と分かち合うための贈り物です。「励まし合いなさい、高め合いなさい。……怯える者を励ましなさい。……いつも喜びなさい」と神の言葉は言います。人々に一番必要で最後まで手放してはならぬのは希望です。

人に希望を与えるのはそんなに難しくありません。しばし立ち止まり、その人にとって「今必要なの

は何か」と思案し、そして親しく言葉をかけるか、微笑む、……それで充分。「私のとっておきの薬は『希望』なんです」とある心臓専門医も言いました。

しかし心臓専門医でなくても、クリスチャンは誰でも神への希望を人々と分かち合えます。私たちが誰にでも差し出せる最善の親切は、希望の灯をともしてあげることです。まやかしの希望ではなくクリスチャンなら知っている最も確かな「現実性」に基づく希望です。

神の赦しの現実性、日々の必要に対する神の力の現実性、混乱に陥った時の神の導きの現実性。キリストの「死への勝利」の現実性、キリストにあって示された神の無限の愛の現実性。

「神はその独り子を賜ったほどに、この世を愛してくださった。それは御子を信じる者がひとりも滅びないで、永遠のいのちを得るためである」（ヨハネ3・16）

「神がわたしたちの味方であるなら、誰がわたしたちに敵しようか」（ローマ8・31）、

「神は、神を愛する者たち……と、ともに働いて、万事を益となるようにしてくださる」（ローマ8・28）

パウロのこれらの断言の現実性。

神の聖人たちですら時に、悪魔的な絶望と落胆にとらえられた。それなら、私たち罪人は何に希望をかけるべきだろうか。

――クロンシュタットの聖イオアン

102

愛を与えることに、癒しが

「与えること」は魂の治療法です。他の人々に心を開かせ、彼らの必要を鋭敏にキャッチさせます。それはまた精神と感情を健康に保つ秘訣です。著名な精神分析家アドラー博士はこう言いました。

「人間の人格の病のすべては、ある一つの原因に由来すると思います。それはイエスの次の言葉の意味を理解しないことです。『受けるよりは与える方が、さいわいである』(使徒行伝20・35)」。

またある有名な神学者はかつてこう言いました。

「人々は愛されなかったからだけでなく、愛を与え得なかったことでも病を負う」

カール・メニンガー博士は精神的に打ちのめされたある人にこう言いました。

「困っている人を見つけて、助けてやりなさい」。

与えることは、私たち自身の精神と心の健康のためなのです。


「受けるよりは与える方が、さいわいである」。

健康な人とは愛を受け取るだけではなく与える人のことです。


愛されない時に人は傷つくと信じられている。しかし実は私たちを傷つけるのはそれではない。苦痛は「愛さない」時に襲ってくる。人は愛する者として生まれる。神に造られた愛の機械とさえ呼んでもいい。この機械は愛を与える時、最も力強く機能する。この世は私たちにこう信じさせる。幸せは自分を愛してくれる人がいるかどうかにかかっている。しかし、それは真実とは正反対の考え方で、逆に人々に様々な問題を生じさせる。

幸せは愛するかどうかにかかっているのだ。幸せは、自分にやってくることにではなく、自分から出て行くものにかかっている。

——アラン・コーエン

103

感情的問題は霊的問題を意味するのか

ある人が、たぶん他の多くの人も抱えている問題を引き起こしました。彼はこう書いています。

「だいぶ前から私は落ちこんでいます。魂に何の罪もなく、聖霊が真にその魂にしっかり結びついていてなお、人が落ちこんだままなんてどうにも理解できません。たとえいろいろ欠点があっても、神の恵みと自分自身の真摯な望みがあるんですから、それらは克服できる、そう知っていてなお喜びや自信が感じられないなんて……。人が、恵みの内にありながら同時に落ちこみを引き起こす感情的な問題を抱えているなどということがあり得るんでしょうか」。

最後の問いが、彼の他の問いをも要約しています。答えは「いいえ」です。

「感情的な問題は霊的な問題を意味しません」。

もちろん霊的な問題が感情的な病を引き起こす場合はあります。たとえば信仰を持つ人が罪深い生活を生きることを選択すれば、やがて彼はその結果を味わうこととなるでしょう。罪の意識、不安、抑鬱

などの「感情的問題」です。

しかし、ゲッセマネの園でイエスは落ちこんでしまわなかったでしょうか。パウロはアジアでたくさんの困難な状況に出会ったとき落ちこまなかったでしょうか。詩篇作者は、「わが魂よ、何ゆえにうなだれてしまうのだ」と歌ったとき、落ちこんでいなかったでしょうか。みな、それぞれに落ちこんだのです。それでも彼らは、その落ちこみを神に向けました。彼らは自らの落ちこみを利用して、彼らを愛する神によって征服者たちをしのぐ者となりました。

感情的な問題は必ずしも霊的問題を意味しない。

104 イエスも落ちこみを免れなかった

人は神の眼差しの中でさえ、聖なる者であり得ます。しかしそれでも依然として落ちこみ、不安にとらわれ、また感情や精神を病むことがあります。病気としての「うつ」はあくまで病気であり、かならずしも道徳性や感情の面での弱さの結果ではありません。

イエスを思い起こしてみましょう。ただ一人の「罪無きお方」です。このイエスでさえゲッセマネで嘆き悲しみ、血の汗をかき、十字架で「我が神、我が神、どうしてわたしをお見捨てになったのですか」と叫びました。「落ちこみ」を免れなかったのです。

精神的、感情的に傷ついてなお、人は聖人たり得るのです。聖人たちの生涯に少しでもいいですから、触れてごらんなさい。あなたはそれを確信できるでしょう。精神病院の屋根の下にも多くの聖なる魂を見つけられるのです。最も優しい愛、イエスの愛をもって彼らに手をさしのべてあげなければなりません。彼らを世話し与えるとき、その時、私たちは私たち自身のための祝福と癒しを見いだします。

もしひどい意気消沈に落ちたら、部屋を出て、町を歩き、キリストのことに思いを馳せてみなさい。心を神の前に開いて、祈りなさい。そうすれば、やがて意気消沈はあなたから去るだろう。

――ザドンスクの聖ティーホン

105

主はあわれみに富み、めぐみ深い

罪責感と絶望に圧倒されてしまいそうな時でも、「神に立ち帰れる希望はもう無い」と思ってはなりません。詩篇作者はこう宣言します。

主よ、あなたがもし、もろもろの不義に目をとめられるならば、
主よ、誰が立つことができましょうか。
いいえ、いいえ、いいえ、
しかし、あなたには、ゆるしがある……　（130詩篇）

これは私たちに希望を与える、神の憐れみ深い本性への驚くべき洞察です。神は憐れみを求めて呼ぶ声に耳をとめてくださいます。神は憐れみ深いからです。

別の詩篇は、同じことをこう言います。

主はあわれみに富み、めぐみふかく、怒ること遅く、いつくしみ豊かでいらせられる。

主は常に責めることをせず、また、とこしえに怒りをいだかれない。
主はわれらの罪にしたがってわれらをあしらわず、われらの不義にしたがって報いられない。（103詩篇）

母親は子供の汚れたおむつを取り替えることなど少しもいとわない。だから自分で自分のおむつを取り替えようなどとしなくていい。ありのままでイエスの所にゆきなさい。それがイエスがあなたに求めていることであり、イエスの愛を確信する道だ。

――M・シュワルツ

106

「人知ではとうてい測り知ることのできない神の平安」（ピリピ4・7）

聖使徒ヨハネは神の赦しの偉大な真実を次のように述べています。

わたしの子たちよ。これらのことを書きおくるのは、
あなたがたが罪を犯さないようになるためである。

もし、罪を犯す者があれば、父のみもとには、わたしたちのために助け主、すなわち、義なるイエス・キリストがおられる。
彼は、わたしたちの罪のための、あがないの供え物である。ただ、わたしたちの罪のためばかりではなく、全世界の罪のためである。（Ⅰヨハネ2・1—2）

他の箇所ではこう述べています。

もし、わたしたちが自分の罪を告白するならば、神は真実で正しいかたであるから、その罪をゆるし、すべての不義からわたしたちをきよめて下さる。（Ⅰヨハネ1・9）

神の憐れみは犯した罪とあやまちへの絶望をぬぐい去ってくれます。それは私たちに赦しを与え、「人知ではとうてい測り知ることのできない神の平安」へとみちびいてくれます。

艱難にあったとき、ある人々は羽をはやし、他の人々は松葉杖を買う。

——ことわざ

107

野心溢れ、創造的な人たちの病気

落ちこみやすい人はおおむね、野心的で創造性豊かな人たちです。はるか昔、アリストテレスは「傑出した人物がみな明らかにメランコリックなのはなぜだろう」と問いました。

「バズ（騒音）」とあだ名されるエドウィン・オルドリンは月面に降り立った英雄です。しかし地球に帰ってからは、前の生活にうまく戻っていけず落ちこみました。

まちがいなく人類史に名を残す偉大な人物の一人、ウィンストン・チャーチルはひどいうつ病を患いました。「やつは黒い犬のように俺につきまとってきた」と述懐しています。

ベストセラー『誰がために鐘が鳴る』や『老人と海』の著者アーネスト・ヘミングウェイは無骨で、女々しさとは無縁の「男の中の男」といった人物でしたが、意外にもうつ病という大きな問題を抱えていたのです。

自身の大統領選勝利に大きく寄与した「『分かれ争う家』演説（マルコ3・24、25をふまえている）」を語っ

たエイブラハム・リンカーンは、生涯、疑いに引き裂かれうつ状態を引きずり続けました。数え上げればきりがありません。サウル王、ゲーテ、詩篇作者、トルストイ、ロバート・E・リー……。栄誉、創造性、才能の横溢、聖人性、これらはどれをとっても落ちこみと無縁ではあり得ませんでした。落ちこみは人であることの意味の一部なのです。

イエスでさえ十字架上でそれを体験しました。「我が神、我が神、なんぞ我を見棄てたまいしや」。

ある意味で落ちこみは偽装された祝福なのです。落ちこみは私たちを助けて、自らの弱さと神の力、自らの空虚さと神の充溢を悟らせてくれます。聖アウグスティヌスが言う通りです。

「私たちの心はあなたに向けて創造されました。ああ主よ、あなたの内に安らいを得るまで、心休まることはありません」。

主は心の砕けた者に近く、霊の悔いくずおれた者を救う。

——詩篇34・18

108

聖人たちだって落ちこみは免れない

聖書の偉大な聖人たちも落ちこみを免れませんでした。

洗礼者ヨハネがその庵の中で「救い主は何をしているんだ」といぶかったことは、十分あり得ることです。預言者エレミアはエルサレムの崩壊と自分の状態がますます悪くなることに、はげしく泣きました。義人ヨブは陶器の破片で体をかきむしり、それを見て悲しむ友人たちに助言を求めました。預言者エリヤはカルメル山での勝利の後、落ちこんでしまい、洞穴にこもりました。

ダビデが落ちこんでしまったことは42詩篇に伝えられているとおりです。

落ちこんだとき詩篇は特に役に立ちます。ダビデは随所で落ちこみはどんなものか、そして彼がそれにどう対処したかを語っているからです。

私はよく次の詩篇を注意深く読んで祈ることを、落ちこみに悩んでいる人に勧めます。

人々がひねもすわたしにむかって
「おまえの神はどこにいるのか」と言いつづける間は
わたしの涙は昼も夜もわたしの食物であった。……
わが魂よ、何ゆえうなだれるのか。
何ゆえわたしのうちに思いみだれるのか。
神を待ち望め。
わたしはなおわが助け、わが神なる主をほめたたえるであろう。
わが魂はわたしのうちにうなだれる。(42詩篇)

わたしの涙は昼も夜もわたしの食物であった。
——詩篇42・3

109 救いを求めてダビデは呼ぶ

わたしは神にむかい声をあげて叫ぶ。わたしが神にむかって声をあげれば、神はわたしに聞かれる。わたしは悩みの日に主をたずね求め、夜はわが手を伸べてたゆむことなく、わが魂は慰められるのを拒む。わたしは神を思うとき、嘆き悲しみ、深く思うとき、わが魂は衰える。あなたはわたしのまぶたをささえて閉じさせず、わたしは物言うこともできないほどに悩む。……わたしは夜、わが心と親しく語り、深く思うてわが魂を探り、言う、「主はとこしえにわれらを捨てられるであろうか。ふたたび、めぐみを施されないであろうか。そのいつくしみはとこしえに絶え、その約束は世々ながくすたれるであろうか。神は恵みを施すことを忘れ、怒りをもってそのあわれみを閉じられたであろうか」と。(77詩篇)

この遺棄感と落胆による問いかけに、詩篇作者は11節から15節で答えます。

わたしは主のみわざを思い起す。わたしは、いにしえからのあなたのくすしきみわざを思いいだす。わたしは、あなたのすべてのみわざを思い、あなたの力あるみわざを深く思う。神よ、あなたの道は聖である。われらの神のように大いなる神はだれか。あなたは、くすしきみわざを行われる神である。あなたは、もろもろの民の間に、その大能をあらわし、その腕をもっておのれの民をあがない、ヤコブとヨセフの子らをあがなわれた。(77詩篇11—15)

怒りの余りをあなたは帯とされる。あなたがたの神、主に、誓いを立てて、それを償え。その周囲のすべての者は、恐るべき主に贈り物を献げよ。主はもろもろの君たちの生命を断たれる。主は地の王たちの恐るべき者である。（76詩篇10—13）

わたしは耐え忍んで主を待ち望んだ。主は耳を傾けて、わたしの叫びを聞かれた。主はわたしを滅びの穴から、泥の沼から引き上げて、わたしの足を岩の上におき、わたしの歩みを確かにされた。主は新しい歌をわたしの口に授け、我らの神にささげるさんびの歌を、わたしの口に授けられた。——40詩篇1—3

110—111　エリヤの落ちこみ

〔列王上十九章〕

アハブはエリヤのしたすべての事、また彼がすべての預言者を刀で殺したことをイゼベルに告げたので、イゼベルは使者をエリヤにつかわして言った、「もしわたしが、あすの今ごろ、あなたの命をあの人々のひとりの命のようにしていないならば、神々がどんなにでも、わたしを罰してくださるように」。

そこでエリヤは恐れて、自分の命を救うために立って逃げ、ユダに属するベエルシバへ行って、しもべをそこに残し、自分は一日の道のりほど荒野にはいって行って、れだまの木の下に座し、自分の死を求めて言った、「主よ、もはや、じゅうぶんです。今わたしの命を取ってください。わたしは先祖にまさる者ではありません」。

彼はれだまの木の下に伏して眠ったが、天の使が彼にさわり、「起きて食べなさい」と言ったので、起きて見ると、頭のそばに、焼け石の上で焼いたパン一個と、一びんの水があった。彼は食べ、かつ飲んでまた寝た。主の使は再びきて、彼にさわって言った、「起きて食べなさい。道が遠くて耐えられないでしょうから」。彼は起きて食べ、かつ飲み、その食物で力づいて四十日四十夜行って、神の山ホレブに着いた。

その所で彼はほら穴にはいって、そこに宿ったが、主の言葉が彼に臨んで、彼に言われた、「エリヤよ、あなたはここで何をしているのか」。彼は言った、「わたしは万軍の神、主のために非常に熱心でありました。イスラエルの人々はあなたの契約を捨て、あなたの祭壇をこわし、刀をもってあなたの預言者たちを殺したのです。ただわたしだけ残りましたが、彼らはわたしの命を取ろうとしています」。

主は言われた、「出て、山の上で主の前に、立ちなさい」。その時主は通り過ぎられ、主の前に大きな強い風が吹き、山を裂き、岩を砕いた。しかし主は風の中におられなかった。風の後に地震があったが、地震の中にも主はおられなかった。地震の後に火があったが、火の中にも主はおられなかった。火の後に静かな細い声が聞えた。エリヤはそれを聞いて顔を外套に包み、出てほら穴の口に立つと、彼に語る声が聞えた、「エリヤよ、あなたはここで何をしているのか」。彼は言った、「わたしは万軍の神、主のために非常に熱心でありました。イスラエルの人々はあなたの契約を捨て、あなたの祭壇をこわし、刀であなたの預言者たちを殺したからです。ただわたしだけ残りましたが、彼らはわたしの命を取ろうとしています」。

主は彼に言われた、「あなたの道を帰って行って、ダマスコの荒野におもむき、ダマスコに着いて、ハザエルに油を注ぎ、スリヤの王としまたニムシの子エヒウに油を注いでイスラエルの王としなさい。またアベルメホラのシャパテの子エリシャに油を注いで、あなたに代って預言者としなさい。ハザエルのつるぎをのがれる者をエヒウが殺し、エヒウのつるぎをのがれる者をエリシャが殺すであろう。また、わたしはイスラエルのうちに七千人を残すであろう。皆バアルにひざをかがめず、それに口づけしない者である。

ここに述べられているエリヤの落ちこみから多くのことが学べます。ここには「落ちこみ」症状がすべて見いだせます。エリヤは全力を尽くしたあとにスランプにはまりました。もうこれからの自分には何もないという思いとともに彼のエネルギイは抜け落ちてしまい、恐ろしい脱力感が彼を支配します。死にたいとまで言います。エリヤは、神が「忠実な仲間が七千人いる」と告げているのに、「自分はひとりぼっちだ」と思い込みます。

注目すべきは神はこの落ちこんだ男に、しなければならない仕事を与えたことです。その結果エリヤは落ちこみから脱し、主に仕え続けることができました。

しかし何が、エリヤをそんなに落ちこませたのでしょう。

第一に、エリヤ自身が原因を作りました。彼は目を神から離し、自分自身に眼差しを集中しました。イリヤの憂鬱が彼が神を離れたことから生じたと同様、私たちの落ちこみも神に背を向けた結果であることがあります。落ちこみを生じさせるのは、神から目を離し、あなたの問題をくよくよと自分で考え始めることです。

第二に、エリヤは明らかに自分自身にたくさん期待しすぎました。彼は完全であろうとしたのです。だから必然的にしくじりと不満足の意識にとらわれました。

第三に、エリヤの落ちこみは疲労と空腹からきました。私たちの身体的な状態は落ちこみの主要な原

因であり得ます。肉体的な感覚は時おり、私たちの霊的な制御力を圧倒してしまいます。だから賢明なのは、霊的な力が下降衰弱しないように、自分の身体的状態に配慮を怠らないことです。

第四は、エリヤは圧倒的な孤独感にさいなまれました。彼はイスラエルの中で主に忠実なのは自分だけだと感じていました。これはしばしば私たちの失意、孤独感の原因となります。エリヤのように、ときおりは目を開けて周囲にいる信仰厚い多くのステキな人々を見なければなりません。神の教会の中にそういう人たちを探さなければなりません。

第五は、エリヤは神を充分信頼していませんでした。エリヤは自分自身に頼りすぎでした、偶像崇拝を行う人々への戦いとその勝利はすべてが自分の働きにかかっていると思い込んでいたのです。もしイリヤが自分自身はまったく弱い存在であり、神の強さには限りがないことを悟っていたなら、この物語は生まれなかったでしょう。意気阻喪したときは忍耐が必要です。神は依然としてその天に居られ、その力は限りないことを思い出しましょう。

聖使徒パウロは「わたしを強くしてくださる方（キリスト）によって、何事でもすることができる」と言っています。

頂上に達するために深遠にまで下らなければならないか。

112 ソルジェニーツィンの落ちこみ

ロシアのノーベル賞受賞作家アレクサンドル・イサーエヴィチ・ソルジェニーツィンが、強制収容所に入れられていたとき、自殺したくなるほど落ちこんだことがありました。その時一人の囚人がどこからともなくやってきて彼の隣に腰を下ろしました。囚人同士が話し合うことは禁じられていたので、その男は小枝をとって、汚れた床に何か描きました。それは十字架のしるしでした。すぐに看守に見とがめられないよう消してしまいましたが、その時、ソルジェニツインが悟ったのは、まさにそれこそが自分に必要なものであったことでした。十字のしるしは、彼に神の愛と勝利を思い起こさせました。彼は生き続ける勇気を得たのです。

落ちこみの時、主よ、あなたと同じように、あなたの力に満たされて私たちを癒す力のある人たちのところに、連れて行ってください。　――V・デイヴィス

113　ユダの絶望

もしユダが、三日間待ちさえすれば……。

しかし彼は待てませんでした。銀貨三十枚を投げ捨てて出て行き、首を吊りました。なぜ？

イエスは死んでもう永遠に戻っては来ないと思ったからです。それが彼の最後にしてまた決定的なまちがいでした。かれは神に絶望しました、そして自分自身に。

復活の主にはついに出会えませんでした。

あたかもユダはこう言っているかのようです。

「神だって私の抱える問題は重すぎてお手上げなのだ。私の罪は暗すぎる。私がやってしまったことはもう取り返しがつかない」。

神には重すぎる？　神にはもう取り返しがつかない？　神の目には暗すぎる？

しかしこう言っても実はおかしくありません。私たちは復活を信じていてなおしばしば、まるで神が死んでしまったかのように振る舞います。

十字架はこの世から苦悩を根絶しない。しかし苦悩を変容し聖化する。耐える甲斐のあるもの、喜びに溢れた、そしてついには勝利の栄光に輝くものにさえする。

——ジョセフ・リカビー

114

自分の「落ちこみ」をまず認めなさい

夜になると太陽は沈みます。でも朝になれば必ずもう一度昇ります。私たちだって、しょっちゅう沈み込みます。違いは私たちは太陽ではないということです。私たちは一つの人格です。しかも神によって、

「神の像」に創造された人格です。

だから自らを落ちこみから引き上げるのに役立ついくつかの方法が与えられています。落ちこみとうまくつきあう第一の方法は、まず落ちこんでいることを認めることです。

ダビデが落ちこんだとき、彼はその現実をよくわきまえ、認めました。

彼は「わが魂《たましい》よ、なぜうなだれるのか」と繰り返し問います。自分自身に言い逃れはできません。彼は自分が落ちこんでいることを知って、自分自身に対してそれを認めました。自分を苦しめているものを認めるのは告白の一つの形です。それは傷を表面に浮き上がらせます。そして偉大なる傷薬にその傷口をさらすことになります。太陽、いやむしろ神の子、世の光であるお方イエスに。


夜になると太陽は沈みます。でも朝になれば必ずもう一度昇ります。

115 ダビデは彼の落ちこみを主の前に引きだした

ダビデは自分の落ちこみを認めた上で、次の重要なステップに踏み出しました。彼は自分の落ちこみを神の前に連れて行き、神を彼の落ちこみの中に招き入れました。そして神にとても正直に尋ねました。

「どうして私をお忘れになってしまったのですか」。

彼は神が彼のことを忘れたと感じたのです。彼は自分の落ちこみの感覚について、主と、とても正直でまじめに対話しました。そして最後には神は、ご自分が彼を決して忘れていなかったと言い聞かせます。彼はそれに応え、自分自身に向かって、「主を信頼し希望を持ち続けろ」と告げます。

開いた生の傷をどうにかしたいなら、まず光にさらすことです。そこから癒え始めます。

116

シフトダウンせよ

自分が落ちこんでいることを自分自身に認めなさい。そして自分自身にこう言い聞かせなさい。

「落ちこみは人には避けられない周期的変動の一部であり、今この引き潮の時には、何をどうもがいて

もうまくいかない」。

そして背負いきれない荷は、アッサリ下ろしてしまうのです。

祈れないなら、祈ろうとしないように。信じられないなら、無理に信じようとしないように。思い通りにものごとをやれないなら、最高のできは求めないこと。

身体的な病気の時には体を休めなければならないのと同じく、「低空飛行」している心には休みを与えてやりましょう。

ギアをシフトダウンするのです。

毎日一度はそこに引き退き、いろんな心の衝動をふるい落とし、主の癒しに満ちた臨在の中に身を置くことのできる「砂漠」をこしらえなければならない。そういう場所がなければ、人々に福音を説教していてさえ、人は霊を失ってしまうものだ。

――ヘンリ・ナウエン

117 ペースを変える

落ちこみへのもう一つの良い処方は、ペースを変えることです。やきもきする代わりに、何かでリラックスしてみましょう。エヴリン・アンダーヒルはこう言います。

「多くの牧師がもう自分自身のための祈りさえできぬほどに疲れ切って、日曜の終わりを迎える。ある者はこう言う。『日曜の晩に僕を何とかその気にさせてくれる『聖霊の恵み』は、熱い風呂だけだよ』」。

庭いじり、旅行、スポーツ、コンサートか映画、読書……、これらはみな、よいペース変更をもたらしてくれます。もしいつも霊的に生産的であり、どんなときにも成長しようとするなら、それは強いられた成長です。植物にたとえれば、茎ばかりひょろっと伸びて花はいっこうに咲きません。

ゆっくり始めましょう。毎日ゴールを設定し直すのです。最初のゴールに達したら、その時初めて次の日のためのゴールを定めるのです。これをくり返します。

この極意は農夫たちから学べます。土地がやせ始めたら二つの選択肢があります。土地を休ませてや

るか、別の穀物を栽培するかです。今年トウモロコシを栽培した農地だったら、来年はアルファルファを育てます。連作を避けるのは、土壌を休ませるばかりではなく、窒素が加わることで土地の生産性を高めます。ただただ「乾燥期」が過ぎ去るのを待つのではなく、別の穀物を植えてみましょう。何か違ったことをするのです。何かを変えてみるのです。

私たちクリスチャンも他のみんなと同じく、この世の夜を生きます。しかし、私たちは「夜の一部」ではありません。

118

神は私たちの落ちこみを利用する

聖霊はイエスを「荒野の四十日」に導かなかったでしょうか。「落ちこみ」が聖霊の働きの証拠である場合だってあります。「落ちこみ」がともに戦ってくれ、心を神への渇きで満たし、プライドを心から追い出し、聖霊の力がそこを満たす場所を作ります。祈る人々が皆経験していることです。

反対に霊的な覚醒と神への専心の頂に達したと思ってしまったら、その瞬間「落ちこみ」の谷間に落とされます。もうエリヤのように木の下に座って眠りたいだけ……。しかし、もし主に忠実であり続けるなら、またもし祈りによって神の摂理に心を開き続けるなら、神は落ちこみでさえ利用して、私たちに善きものと、神の光栄の実感をさらに豊かに与えてくれます。自信を持ってそう請け合います。

主よ、どうか、不意に訪れる死への恐怖にむしばまれ、きょう生きていることへの驚異《ワンダー》を失わないように、お守りください。アーメン。

119

それは過ぎ去る

落ちこみへのもう一つの処方は、それは永遠には続かず必ず過ぎ去ることを、しっかり知っておくことです。ニューイングランド地方の人たちは、他所者《よそ》たちによくこう言います。

「ここの天気が気に入らないなら、しばらく待っていろ」と。

それはいつでも落ちこみとつきあう賢い方法です。しばらく待つのです。そうすれば雲が空一面を覆っていても太陽は依然として雲の上で輝き続けていることを、やがて知るでしょう。雲はいつか過ぎ去り、

また晴れ間が現れます。

人生に必要な雲だってあります。雨がまったく降らなかったら、どうしましょう。美しい日没をいっそう美しく飾るのも雲です。夜の闇は一時的なものです。夜はやがて明け、まぶしい太陽が昇ります。海の潮が引ききった時、それは満ち始めの時です。落ちこみも同じです。落ちこみのただ中にいて、永久にこれが続くとしか思えない時こそ回復の始まりです。これを忘れてはなりません。

海の潮が引ききった時、それは満ち始めの時です。

120 神の恵みを見失うな

落ちこみへのもう一つの良い処方は、神の恵みへの視力を保ち続けることです。落ちこみはあらゆる物事の否定的《ネガティブ》な面だけを見させます。人生で出会う様々な事態の肯定的《ポジティブ》な面への視力を奪います。

数年前、あるビジネスマンが突然破産してしまいました。絶望のただ中で、彼は妻に言いました。

「僕らはもう破滅だ。何もかも無くしてしまった」。

これまで共に苦労してきた妻は、歩みよって来て「どうしたの?」と尋ねました。

「今言った通りさ。僕たちの財産はきれいサッパリ無くなってしまった。破産だよ」。

妻は答えました。

「そんなことはないわ。あなたには私が残っているわ。もう一度いっしょに、一《ひと》財産稼ぎましょうよ」。

彼の九歳になるちっちゃな娘は、父親の膝にのぼってきて、首に手を回して耳元で言いました。

「パパにはアタシも残っているじゃない」。

彼の年老いた母はふるえる手を彼の頭に置いて、言いました。

「せがれや、おまえにはまだ神さまが残っているじゃないか」。

うちひしがれていた彼は、自分が何《なん》にも失くしてなかったと気づきました。決して誰も取り去れない善きもの、自分はまさに「大資産家」だったことに。

夫：「僕らはもう破滅だ。何もかも無くしてしまった」。
妻：「でも、あなたには私が残っているわ」

娘：「アタシも残っているじゃない」。
老母：「せがれよ、おまえにはまだ神さまが残っているじゃないか」。

121 「神さまありがとう」

教師のマージが、落ちこみとどうやってつきあうかを教えてくれました。

彼女は知的障害のある子供たちのために働いています。とてもきつい仕事なので時には、一日の終わりに消耗しきってしまいます。

「落ちこんじゃった時にはね、手を休めて、ありがたいなと思ったことを思い出すの。そして『神さま、ありがとう』って言うのよ。そしてもう一つ思い出して『神さま、ありがとう』。……三つか四つ思い出して、そのたびに『ありがとう』。これをくり返している内に、自分を落ちこませていたのが何だったか、すっかり忘れているわ」。

こんな「神さまありがとう療法」もあるんですね。

過ぎ去った良き日々を与えてくれたお方は、かならず来るべき良き日々も与えてくれると、期待していい。
――J・クレイプール

122 神は死んだの？

こんな話があります。偉大な奴隷解放運動家、フレデリック・ダグラスは、奴隷たちにとってまったく光が見えない状況に直面したときの演説で、苦渋に満ちて語りました。

「白人たちは、私たちに立ちふさがる。政府も私たちに立ちふさがる。時の機運も同じだ。黒人たちのための希望はまったく見えてこない。悲しみでいっぱいだ」。

その時、聴衆の中から一人の婦人が立ち上がり、大声で叫びました。

「フレデリック！　神は死んだの？」

キリスト復活！　実に復活！

私たちの信仰こそ、世に勝たしめた勝利の力である。

——ヨハネの第一の手紙5・4

123　三日のうちに。復活

十字架から下ろされるキリストのイコンを贈られて、ある人が次のように書いています。

「そのイコンを見て、私は最初混乱してしまいました。そこには絶望的な瞬間が描かれていました。弟子たちは死んでしまった救い主のまったく希望のない姿に直面しています。ちょっと見る限り、そこには救いへの希望など少しも見あたりません。

しかし友人がこう説明してくれました。

『まさに今、君にはまったく希望がない。三日のうちに、復活があること、希望と生命があることを君は知らない。君の現実はこのイコンの中にある。しかし、約束する。君の悲嘆と絶望の日々には、必ず終わりが訪れる。このイコンの前で祈るときには、マリヤや、彼女とともにキリストを見守る者たちにとっても、そのあと十字架から起きた奇蹟は思いもよらぬことだったことを、思い起こすんだ。君にはできる』。

まだ実現していない平安を信じたとき、信仰のうねりが私を圧倒しました……。最初そのイコンの前で祈ったとき、私は復活の力を感じられませんでした。しかし私は信じました。その喜びは必ずやってくると。今日までずっとそのイコンは、将来の不確かさに直面するたびに、私に希望と勇気を与えてくれています」。

世に勝つ者は誰か。イエスを神の子と信じる者ではないのか。

——ヨハネの第一の手紙5・5

124 個人資産を書き出せ

アン・ランダースが、ある婦人が彼女に書き送ってきてくれた、落ちこみを克服するための次のようなすばらしいレシピーを紹介しています。

まず腰を下ろして紙と鉛筆を用意する。紙の上部に四つの見出しを書き付けます。

最初の列には「私の資産」と見出しを付けます。その列にはあなたが持っているものであなたのために役立ちそうなものは全部書き込みます。

次の列の見出しは「以前私の助けになったもの」です。あなたが問題を抱えたとき、あなたの気持ちを引き立ててくれたものごとを全部書き出します。音楽、縫い物、ボランティアの奉仕、教会、絵、体操、転地、祈り、聖書、「イエスの祈り」……。

三番目は「あてにできる人々」。一番たよりになる友人や、配偶者、お気に入りの親戚、ご近所さん、医者、聖職者……。

最後の列は、「チャンスはどこに」。もとの調子に戻れそうな方法を書き出します。そうすることで、いろいろな形の落ちこみに一撃を与えることができるでしょう。

リストを作って、次の四つのカテゴリーに沿って表を埋めてみよう。

1、私の資産
2、以前助けになったもの
3、あてにできる人々
4、チャンスはどこに

125

主はこの日を創れり

ある心理学者たちは、どんな日でもその最初の五分間が決定的だと教えます。この五分間に自分の一日への取り組み姿勢を構築し、一日を支配する気分を確立します。そしてこう言いましょう。「主はこの日を創れり、喜び楽しまん」（正教の復活祭の聖歌から）と。

その一日を肯定し、抱き締め、そして神のかけがえのない贈り物として受け取るのです。そうすれば、それをどう使おうかという問いが自ずと出てきます。出てこないわけにはゆきません。その一日のうちに、あなたは恵みのリストに次々に書き加えることでしょう。

「主はこの仕事を私に与えた、喜び楽しまん」
「主はこの家族を私に与えた、喜び楽しまん」
「主はこの身体を私に与えた、喜び楽しまん」……

主は安易な環境の中では、偉大な人々を育て上げることはなさらない。
——C・デイヴィス

126 感覚を信じるな

落ちこみへのもう一つの処方は感覚を信用しないこと。感覚は変化しますが、神は変化しません。たとえある時に神の存在を感じられなくなっても、神は私たちのすぐそばにいてくださいます。とりわけ、私たちがその存在をまったく感じられない時にこそ、神は一番近くにいてくださるのです。

私たちの内側から起こってくる感情、感覚、反応などを信用してはなりません。落ちこんでいるとき人は、暗まされた精神から答えを引き出します。その答えが精神をさらに暗くし、落ちこみをもっと深くするのです。するとあなたの答えはさらに暗くなります。この暗さを追い出すことのできる光を心に入れなければなりません。どうすればそれができるのでしょう。

「落ちこんだ自分」が、「自分」に話しかけてくるのを許さないことです。反対に「自分」が「落ちこんだ自分」に話しかけるのです。落ちこんで意気消沈している自分の側が、私たちに話しかけるのを許してはなりません。私たちの側こそが落ちこんでいる自分に話しかけねばならないのに。

たとえば、朝目覚めた瞬間に襲いかかってくるあの暗い想念を考えてみましょう。私たち自身がそれらの想念に火をつけたのではありません。それらの想念の側が私たちに語りかけてきて、昨日のいやな問題を蒸し返して私たちを苦しめるのです。私たちの落ちこんだ自己が、私たちに話しかけてくるのです。この落ちこんだ自己は放っておけません。それに私たちが支配されるままであってはなりません。私たちがそれを支配しなければなりません。

詩篇作者がしたように、私たちも「落ちこんだ自己」に言い返さなければなりません。彼の魂は彼を落ちこませ、押しつぶし続けました。しかしついに彼は立ち上がり自分の魂に言います(42詩篇)。

「わが魂よ、なぜうなだれるのか。なぜわたしのうちに思い乱れるのか。神を待ち望め」。

……神は決してあなたを打ち倒しません、一度たりとも、これまでも、これからも。神はあなたに誓いました。だから「わたしはなお、わが助け、わが神なる主をほめたたえるであろう」。

詩篇作者はこのようにして彼の精神を支配しようとする内なる暗い想念に語りかけたのです。彼は、彼らに語らせませんでした。彼自身が語りかけたのです。彼らを黙らせました。

神の車輪に載せられるまま、神に引き回されるままにせよ。そうすれば神が神であるのと同様、君は君である。その視力に従って正確に現状がわかるだろう。うろたえるな。もし君が神にであったなどと言うなら、そんな低次元のもので満足したいならお好きなように。しかし神はそうはさせない。
——O・チャンバース

127
誰かに話せ

自分自身への語りかけに加え、友人を見つけ出して、自分の落ちこみを彼らと分かち合ってもらいましょう。大切なのは落ちこみを誰かに話すこと。表現されないままでは絶望は、最後には肉体の病として表現されてしまいます。「落ちこみ」(depression) 脱出の最良の道は「表現」(expression) です。昔から、悪性腫瘍は生物学的に体験される絶望、細胞レベルで表現される絶望と呼ばれています。

分かち合われた喜びは二倍になりますが、分かち合われた悲しみは半分になります。神であるイエスでさえ、弟子たちとの分かち合いが必要でした。ゲッセマネの園で弟子たちは、誰一人目覚めておれませんでした。見捨てられたイエスは、ひどく意気阻喪しました。主の苦悩を分かち合う者は一人もいませんでした。人には人が必要です。

だからこそ、他の人々と共にいるのはとても大切なのです。これが「教会」のより深い意味です。教会は「丸屋根や尖塔が乗っかった煉瓦造りの建物」以上のものです。教会は人々の集まり、「神の民」の集まりです。あがなわれた共同体、キリストのからだ、キリストを信じる仲間、キリストにある兄弟姉妹、互いに支え合い、愛し、分かち合い、耳を傾け合う民です。

『宝島』を書いたロバート・ルイス・スティーブンソンは日記にこう記しました。

「今日は教会に行った。憂鬱は晴れた」。

そこでは、一人が傷つけばみんなが痛みます。互いが依存し、互いが必要です。悲しみであれ、落ちこみであれ、何であれ、重荷はすすんで分かち合われます。精神的に「引き潮」になったら、多くの人がそうするように、遠慮なく司祭の所に行きましょう。それは司祭の職務の一部です。いえ、司祭だけのものではありません。互いに耳を傾け合うことは信徒すべての者のつとめでもあります。

何度も私は人々がこう言うのを聞きました。「神父さん。普通ならこんなことは自分一人で切り抜けられるんですが、どうやら今度は誰かに話さなければ前へ進めない所に立っているようです」。

忠実な友は人生の良薬です。

128 人に手をさしのべよう

落ちこみを克服するもう一つの方法は、落ちこんでいる他の人を元気づけてやることです。他の人を助けることであなたの落ちこみが消える、これは人間性の基本的な法則です。自分のみじめさを忘れてしまうまでに他人を愛し、その問題に心を用いるなら、その時、あなたのみじめさも、落ちこみもどこかへ消え去っています。

だからこそ、聖書は繰り返し強く呼びかけるのです。互いに愛し合いなさいと。精神的にしっかりした寝たきりの病人を訪問することや、病院の入院患者を訪ねることは、しばしば即効性のある作業療法となります。あなたよりもいっそうの苦境にある人に慰めを与えてあげれば、あなた自身のうちに感謝の思いが高まり、精神的な充電が開始されます。人助けのために外出できないなら、家でできることをしましょう。寂しい思いをしている人に電話をかけたり手紙を書くこと、病気の人に本を送ることなど……。これは驚くほどよく効いて、あなたの落ちこみは緩和されます。

あなたの「悲嘆という仕事(Grief work)」を引き受けられるのはあなただけだ。しかし、あなたが孤独であったならそれはできない。

——H・マウラー

129

何かをしよう

もう一つの落ちこみ対策は「何かする」ことです。

預言者エリアは、落ちこんだとき、何もせずにエニシダの木の下に座っていました。誰だって、この世と自分自身に悲しみ、愚痴をこぼすばかりで何もせずにいれば、落ちこんでくるものです。神はエリアになすべき仕事を与えました。「行け、あなたの来た道に帰り……ハザエルにあぶらを注ぎ、彼を王とせよ」(列王記上19・15)。

時々、人は自分に「日常」があることがどんなに幸運かを忘れます。次の食事は支度しなければなりません。職務は果たされ、用事は片付けられ、期限は守られなければなりません。朝起きれば、たとえどんなに精神的、肉体的にへとへとになろうとも、しなければならないことは、しなければなりません。これは「作業療法」と言ってよいもので、落ちこみを雲散霧消してくれます。

ある婦人は「落ちこんだら、帽子を買いに行くんです」と仰いました。新しい帽子が彼女の落ちこみを追い払ってくれるとか。「何かする」ことが彼女を助けるのです。ある女性はパンを焼くことで気分が変わると請け合ってくれました。彼女は自分は今、食物を作るという、人にとって最も基本的な仕事に携わり、そこに自分の能力を注ぎ込んでいることを実感できるのです。パンが香ばしく焼ける頃には、すっかり気持ちはリフレッシュされているそうです。

女性は子育てが終わってしまうと、心に悲しげな風が吹き始め、落ちこみが訪れます。神経性の訴えや症候が現れるのは、この時期です。そう、だから外向きの関心、……教会、地域社会、学校などへの関わりが必要になってくるのです。そういう場での働きは治療効果満点です。人には心からの充実感を与えてくれる大切な課題や活動が必要です。

だから何かしなさい。誰かを助けなさい。散歩しなさい。夏になれば庭を耕しなさい。冬は雪かきをしなさい。食事を準備しなさい。友だちを訪ねてゆきなさい。あなたの落ちこんだ気分を追い払えそうな何かをしなさい。……とは言っても、

目覚めているあらゆる瞬間に、あたかもお手玉の球を全部空中にとどめ、皿回しの皿を残らず回し続けようとするかのように生きるなら、それは危機的状況と言うべきだ。

——B・ハイベルス

130

適切な食事

落ちこみへのよい処方の一つに、適切な栄養補給があります。

大昔のことです。預言者エリアが落ちこんでしまったとき、神が彼に差し出したのは説教ではなくパンと水でした。食べ物です。エリアの問題は、彼が腹ぺこだったことです。正真正銘のエネルギイの枯渇によって彼の脈動は弱くなり、貯えられていた希望は使い果たされていたのです。

だから神はまず最初に彼に食べさせました。

落ちこみには、よい食事が効き目があります。セルヴァンテスはこう書いています。

「どんな悲しみもパンによって小さくなる」。

そのパンに大好物をのせれば、悲しみはもっと耐えやすくなります。

悪魔はなかなかの心理学者です。イエスに石をパンに変えてみろと誘惑したのは、どんな時でしたっけ。四十日間の断食が終わって、イエスの空腹が極まったときでした。エリアが悪魔のちょっかいで絶望しかけたのはいつでしたっけ。やっぱり、腹ぺこで元気をなくしてしまった時でした。

肉体に対して精神がどれほど大きな影響力を持っているかについて、今日、多くのことが語られています。しかしだからといって、精神に対して肉体のもつ玄妙な力を無視してはなりません。

どんな悲しみもパンによって小さくなる。

――セルヴァンテス

131

適切な休息

食事によってエリアの体力が回復すると、神の次の処方は休息でした。私たちもまた、ゴミの山のような毎日にへこたれてしまったときには、適当な休息をとって元気をとりもどします。

勉強もよくできて、申し分のない評判の女学生がある日、自分は実はいつも落ちこんでいると訴えました。

「どうして前触れなしに世界がもの悲しく見えてくるんだろう。どうして神さまはだんまりを決め込んで、私を元気づけてくれないんだろう。そうしてくれれば、前と同じように、明るく幸せでいられるのに……」。

そう嘆く彼女に、友人が尋ねました。

「どれくらい睡眠とれてる？　食事はちゃんと食べてる？　タンパク質は十分？　量があればいいだけじゃなくて、一日の食事にうまく配分して摂取しなきゃダメよ。朝ご飯は食べてる？」

「うん、まあ。……食べてないわ」。彼女は白状しました。そしてこう言い訳しました。「勉強とおしゃべりで毎晩遅くまで起きていて、朝はぎりぎりまで寝てる。朝ご飯なんて食べてる時間がないのよ」。

友人はやさしくこう諭《さと》しました。

「神さまがね、あなたのその気分を変えてくれるって期待しちゃダメよ。神さまにお願いするのは、自分でできる常識的な習慣を身につけてからのこと。言いたいのはね、夜は八時間は睡眠をとること、しっかり朝ご飯を食べること。そうしなさい！　そして世界がどう見えてきたか教えて。絶対、バラ色に見えるはず」。

あるお母さんが書いていています。

「わたし、子供を四人抱えて、おまけに教会で聖書講座を二コマ受け持ち、必要な気晴らしも大切と、楽しみごとにもせっせと励んでいたころがあったんです。ところがある日、私は教会の仕事を放り出して病院へかけこみました。そしてお医者さんに訴えました。『もう一歩も前へ進めないって気分なんです。何もかも暗鬱で、すべてが山のように目の前に立ちはだかっているみたいなんです』。

お医者さんは、私をじろりと見て、おもむろに言いました。

『消耗しきってるね。……仕事も遊びの約束も何もかもキャンセルして、一週間寝ていなさい。そうすればすっかりよくなりますよ』。……もちろん私は言う通りにしませんでしたよ。そんなこと誰がするでしょう。私たちは誰でも自分ががんばらなきゃ世界は回っていかないと思い込み、何か特別な身体的病気で倒れるまでは、立ち止まるわけにはいかないと、思い込んでいます。案の定、一週間後、私は病気になりました。私はベッドに倒れ込み、ほんとうに立ち上がったのは、何か月も、何年も後のことでした」。

132 神に降伏すること

長距離の騎行では、時には手を抜くことが、よりよい結果をもたらす。休みも取らずに前へ進み続けることは、この世の「重たい粘土」から解放された魂には似合うかもしれない。しかしこの世の幕屋にある内は、時々は「止まれ！《ホールト》」と命じて馬を止め、「聖なる無為」と聖別された閑暇を神にささげなければならない。

未熟な良心に、自分が背負い込んでいる馬車引きの装備からしばしであれ離れるのは不届きではないかと、疑わせてはならない。反対に、他の人々の経験から、時に適った休息の必要性を学ばなければならない。

——C・H・スポルジョン

落ちこみに向き合うもう一つのよい方法は「放棄」です。

正教会の礼拝は随所で「我ら己れの身、および互いに各々の身を以て、ならびに悉《ことごと》くの我らの生命を以て、ハリストス（キリスト）神に委託せん」と呼びかけます。これはまさに「放棄」の呼びかけです。

聖使徒パウロの信仰は、偉大なる放棄でした。彼はエペソ書六章一三節で「あらゆるなすべきことをなしたうえで、かたく立つ」と書いています。言い換えれば、できることを皆してしまえば、もうバタバタするなということです。

それ以上戦わない、落ちこみモードにはそれ以上入らない、もうイライラしない、不必要に緊張を高めない、神に問題をあずけてしまえ、ということです。結果は神の手の内にゆだね、神を全面的に信頼し、立ちましょう。

もちろん、これは言うは易し、行うははなはだ難きことです。何もせずにほっとくこと、大変むずかしい。しかし、何もしないでほっておくのではありません。この宇宙の中で最も力強く、最も愛に溢れ、最も力あるお方の手の内に、その問題を置くのです。

放棄の祈りを祈り終えて、聖使徒パウロは当然の実りを体験しました。神の平安です。彼は書いています。

「何事も思い煩ってはならない。ただ事ごとに、感謝をもって祈りと願いとをささげ、あなたがたの求めるところを神に申し上げるがよい。そうすれば、人知ではとうてい測り知ることのできない神の平安が、あなたがたの心と思いとを、キリスト・イエスにあって守るであろう」（ピリピ4・6―7）。

精神は肉体よりはるかに低いところまで落ちてしまう可能性を持つ。肉体はある程度の傷を受ければもうそれ以上傷つかない。しかし魂は一万通りものかたちで傷つき、何度も繰り返し死ぬ可能性を持っている。

——C・H・スポルジョン

133 放棄

作家のキャサリン・マーシャルが結核で長期間苦しんだ時の経験を語っています。

「……何もかも一切を受け取るほかないという点にまで来てしまった。『求めることにはもううんざり

……』、その思いが重荷となって祈ろうとする私を押しつぶしました。『疲れ果てた、もうすっかり終わってしまった。神さま、なさりたいままに、お決めください』。涙が溢れでた……」。

彼女はもう祈ることさえできませんでした。ただ神に完全に身を任せました。神の両手に自らを完全に預けました。彼女は、神はそれをお望みなら彼女を癒すことができると信じました。しかしもしそれが彼女を用いる最良の道だと神が決めたなら、残りの人生を喜んで病人としてすごそうと、思い極めたのです。その結果は……。

「それはまるで天の窓を開くボタンを押してしまったかのようだった。天から力がまるで発電機から流れ出す電流のように、落ちてきた……。二、三時間たつと、キリストが今ここに生きているという臨在感の中で、主が私からあらゆる疑いをぬぐい去り、人生を革命的に変えてしまったと感じた。その瞬間から、私は回復し始めた」。

キャサリン・マーシャルは絶望から脱出する道を徹底した「放棄」によって見つけ出しました。平安に導いてくれるのは、そのような断念なのです。

恐れを見つめず、信仰を入れる。不安を見つめず、確信を入れる。憎しみを見つめず、愛を入れる。罪を見つめず、神の赦しを入れる。闇を見つめず、光を入れる。憂鬱を見つめず、喜びを入れる。自分を見つめず、キリストを入れる。これが放棄の極意です。

あなたはわたしのために、嘆きを踊りにかえ、荒布を解き、喜びをわたしの帯とされました。これはわたしの魂があなたをほめたたえて、口をつぐむことのないためです。わが神、主よ、わたしはとこしえにあなたに感謝します。

——30詩篇11—12

134

運動の大切さ

落ちこみに対するもう一つの有力な解毒剤は運動です。

ウィスコンシン大学で一九七六年に行われた研究は、ジョギングは心理療法よりもうつ状態の改善に効くという結果を示しました。

予備実験で、八名の臨床的にうつ状態にある患者が、十週間のランニング・プログラムに参加しました。彼らの内六名がうつ状態から回復しました。治癒率七十パーセントという数字は、今日一般的な心理療法を受けている同様の患者の治癒率よりも大幅に高いものでした。さらなる研究は運動はうつ状態

の制御に服薬よりも効き目があることを発見しました。また他の研究は心理療法と運動の組み合わせが効果を高めることを明らかにしました。数々の研究がランニングが心理療法の一つのかたちであることを証明しています。運動はエンドルフィンを体内に産み出します。エンドルフィンは肉体に自然に備わっている抗うつ剤なのです。

ある著名な弁護士が、どうやって彼の超多忙な毎日に運動の時間をひねり出しているのか尋ねられました。彼はこう答えました。

「私が仕事の上で日々直面している諸問題はいずれもやっかいで、運動をしないでおられるような余裕がないのです。しばしストレッチ、屈伸運動、などで体を痛めつけた後、三十分ほど蒸し風呂に入ると、私の抱える問題はいつの間にか通常のサイズに縮小しています」。

ある夜、静かな声が語りかけてきた。
「昨日を明日に持ち込んではいけません。また先週の悲しい荷物を今週にまで運び入れてもなりません。やってきたあなたの重荷を何もかも持ち上げてはなりません。やがて起きることを、今のことと比べようとしてもなりません。一歩歩み、そしてまた一歩、あなたのやり方で進みなさい。その日その日を生きなさい」。

——無名の詩人

135 バランスを探し出すこと

「砂漠の師父たちの言葉」にある次のエピソードは運動の価値を証ししています。

聖なる師父アントニオスが砂漠で生活していたとき、倦怠と多くの悪い考えの暗闇に陥り、神に言った。「主よ、私は救われたいのですが、悪い考えが私を離れません。この苦しみの中でどうしたらよいのでしょうか。どうしたら救われるでしょうか」。ついにその場を離れようとしたとき、アントニオスは自分に似た者がそこに座り、働き、次いで仕事をやめて祈り、あらためて座り、縄を編み、また祈るために立ち上がるのを見たが、これはアントニオスを正し、強めるために遣わされた主の天使であった。そして、天使の「このようにせよ。そうすれば、救われる」との言葉を聞いた。これを聞いたアントニオスは大いに喜び、勇気を得、これを実行して救いを得たのである。

交互に行われる祈りと肉体労働は、バランスを回復し、落ちこみを軽減するのに助けとなります。

身体の運動は健康によい。しかし、それだけではない。運動は、身体の活力のために配慮する意欲を高めると同時に、霊魂の活力へも同じ望みを刺激してくれる。それゆえ、なすべきより重要なことから気持ちを離れさせない限り、運動は非常に有益なものだ。

――アレクサンドリアのクレメント

136

焦点を変えてみなさい

落ちこんだら視線を自分自身から神に向け変えましょう。心の内側を見つめ続け、「落ちこみ」の嘆きをくどくど自分にくり返すのは止すのです。

「我等の避け所と力、艱難の時の速やかなる助け」（46詩篇）となるのは、自分自身ではなく、神です。ある人がうまいことを言っています。「きょろきょろ見回せば、苦しみの種は尽きない。自分の内側を見つめれば、落ちこんでしまう。イエスをまっすぐ見据えて、やっと安らぎが訪れる」。

ゲッセマネの園でイエスは大変な重圧に苦しみました。まるでこの世の罪の重荷がすべて自分の上にのしかかってくるようでした。主は弟子たちのもとを離れて、一人で神に祈れる場所へ行きました。主は自分の苦しみを他の人々には訴えませんでした。神に訴えたのです。

「わが父よ、もしできることでしたら、この杯をわたしから過ぎ去らせてください」。

祈りの中で、イエスは答えを得ました。すると主は直ちに行動を起こしました。弟子たちの所に戻って言いました。「立て、さあ行こう」。

いまやイエスは神の御心の内にいました。だからこそ待ち受けるあらゆることに立ち向かえたのです。イエスは神に希望を置きました。

私たちもそうすべきです。どう振る舞うかを、私たちの父に祈り求めましょう。神に希望を置いたとき勝利はやってきます。それはストレスと重圧からの解放を意味します。しかしそれは、落ちこみの体験の代わりに神への感謝と讃美を祈り始める、ということではありません。落ちこみを経験しながらも、なお神に感謝し、神を讃え始めるのです。

神は一日中、少しの途切れもなく私たちを愛しています。だから落ちこみの暗い夜においても、私たちは歌を歌えます。聖使徒パウロも真夜中の牢獄の中で神を讃える歌を歌ったではありませんか。

もし日の出を見たいのなら復活のキリストに向かい東を向きましょう。ある格言がこう言います。「西を向いていては日の出は絶対に拝めない」。

人はみな感情という家の中に地下室を持っています。しかし私たちはそこには住んでいません。時々は足を踏み入れるかもしれませんが、ふだんは太陽と光の溢れる上の階に私たちは暮らしています。私たちの眼差しの焦点は生命の光であるキリストに結ばれていなければなりません。

私たちはみな感情という家の中に地下室を持っています。しかし、私たちはそこには住んでいません。

137
孤独、人間のあらゆる苦悩の根源

孤独感は今日、人間の苦悩のもっとも普遍的な根源の一つである……。

孤独感から逃げ回ることでは、また人付き合いによって孤独感を忘れようとすることでは、人間的な苦境への現実的な対処にはならない。多くの満たされない渇きに振り回され、決して満たされない欲求と期待に苦しめられている不幸せな人々の仲間となってしまうのが落ちである。

霊的な生活を生きるためには、まず「孤独」を引き受ける勇気を見つけなければならない。これには勇気ばかりではなく強い信仰が必要だ。乾燥しきった荒れ果てた砂漠が数え切れないほどの花々を咲かせることが信じがたいのと同様に、われわれの孤独が未知の美を隠し持っていると想像するのは、至難のことではあるが……。

――ヘンリー・ナウエン

イエスの名によって敵をたたき出すのだ。なぜなら、それ以上に強力な武器は天にも地にも存在しないからだ。

――階梯者聖イオアンネス

138　癒しとしての聖書

アメリカの心理学の先駆者、ウィリアム・ジェームスは自分がひどく落ちこんだとき、聖書がいかに助けとなったかを語っています。

「私の落ちこみはまったくひどいもので、もし『永遠の神がわたしの避け所』『わたしは復活であり、生命である』などの聖句に支えられなかったら、きっと私は精神に変調をきたしていたと思う」。

かつてのソ連でひどいウツ状態に落ちこんだある人物が、ドミトリ・ドゥドコ神父に手紙を書きました。「幸運なことに、一冊の小さな本が、偶然手に入りました。『我等の主、イエス・キリストの新約』です。読み始めるや、まったく新しい世界が目の前に開けてきました。喜ばしく、幸福な世界。何度読み直しても興味は尽きませんでした。その小さな本の一つ一つの言葉が心に積み重なってゆき、ついに何よりもうれしいことが起きました。『ウツ』がどこかへ行ってしまったのです。程度は違っても、ウツを実際に経験した人々だけがこの喜びを十分理解してくれるでしょう。ウツ状態は完全に去っていったのです！

私はキリストを信じ、洗礼を受けました。いま私は教会へ行き、時々は聖歌隊に混じって歌うことだってあります。たとえもし以前よりもっとたくさんの難問が襲いかかってきても、私のこの幸福感は揺るぎません」。

「聖なる書物を読むことは、天を開くのに似ている」という聖イオアンネス・クリュソストモスの言葉に、何か不思議があるでしょうか。

主よ、あなただけが、人生の挫折の内に隠されている贈り物を知っています。あなただけが、金持ちが秘密の場所に隠した宝を、暗黒の中に見ています。それらを私たちに見せる準備が整うまで、どうか私たちに「待つこと」をお恵みください。アーメン。

——V・デイヴィス

139

癒しとしての聖書（続き）

暗い落胆と絶望の時にも、聖使徒パウロはこう言うことができました。

わたしたちは、四方から患難を受けても窮しない。途方にくれても行き詰まらない。迫害に会っても見捨てられない。倒されても滅びない。いつもイエスの死をこの身に負うている。それはまた、イエスのいのちが、この身に現れるためである。

コリント後4・8—10

神へのそのような信頼ゆえに、パウロは落胆に圧倒されてしまう危険を免れていました。ここで、思い出して欲しいものです。落ちこみに痛めつけられているときには、聖書を読む気になどとてもなれませんね。何であれ集中力を持って取り組めなくなってしまっているのです。かろうじてテレビを見ているだけです。

そしてもし、クリスチャンであるなら、彼らの、聖書すら読めなくさせてしまうほどの落ちこみには宗教的な意味があるかもしれません。

しかしながら、落ちこみが去っていった後、ないしは助力を得て落ちこみが和らいだ後、彼らは神の言葉から、もっと大きな慰めと力を受け取ることができます。

神への信仰の告白は、ニケア信条が表しているように、希望の叫びで極まります。「われ望む死者の復活ならびに来世の生命を」。

140

不可欠なバランス

最も効果的に落ちこみを予防する対策の一つに、バランスのよい生活があります。ハーバード医学校のR・C・カボット博士が常に強調するのはバランスのとれた生活の重要性です。彼は、私たちがいかに簡単に人格的バランスを崩してしまうかを示しました。

バランスのとれたクリスチャンの信仰生活を説明するために、博士はギリシャ十字のかたちを示しました。十字の四本の腕がすべて同じ長さです。十字架の腕それぞれに、時計回りに「礼拝」、「愛」、「仕事」、「遊び」と書き込まれます。これらはカボット博士によれば、バランスのよい生活に欠かせない四つの構成要素です。

英語の「健康」という語（whole）には「全体」という意味があります。バランスを崩していれば、人は全体的でも完全でも、また健全でも健康でもありません。バランスの失調は機能不全です。それは欠

乏症を示すもう一つの言い方です。

カボット博士によれば、人は愛と、仕事と、遊びと、礼拝という四つの本質的要素によって生きています。「する」ことが何か必要です、愛する誰かが必要です、リラックスする時間が必要です。しかしこれらにまして必要なのは求めて止まない何か、讃えずにはおられない、礼拝せずにおられない、感謝せずにはおられない、愛さないではおられない、そして奉仕せずにはおられない誰か、――どんな人間的なまた物質的な対象よりも偉大な何ものかです。

前世紀のロシアの偉大な作家が言うように、「神なしに人は自らを担い運ぶことはできない」のです。礼拝なしには、人生の絶え間ない圧力に抗しきれず、人格は内的に崩壊してしまいます。

礼拝、愛、仕事、遊びのリズムの無視は、神がその被造物の内に置いたバランスの無視です。その無視は恐ろしい対価を払わなければならなくなります。すなわち創造的な霊的な力の喪失、そしてそれがもたらす霊的な乾上《ひあ》がりと落ちこみです。

生ける主に願い求めなければならない。人生のリズムを教え、仕事と、休息と、礼拝と遊びにバランスを恵まれるようにと。それによって、私たちを取り巻くこのせかせかと忙しく疲れ果てた世界に神の愛と平安を、放射することができるからである。

——V・デイヴィス

141　怒りを表すこと

怒りのやっかいさは、もしそれが正直に、そして怒りの向けられる相手への愛の内で表現されないなら、人々の前に見境なく露出され、罪のない人たちを傷つけてしまうということです。しかし、もしお門違いな方向であれ表されないなら、怒る人の内側で化膿し、最後には人を落ちこませてしまうということです。

うつ状態の多くは、内面化された怒りなのです。

決定的なのは、怒りとの上手なつきあいかたです。

怒りは罪深いものになり得ます。聖使徒パウロは「憤ったままで日が暮れるようなことはあってはならない」（エペソ4・26）と言っています。すなわち怒りを適切に表現しないと、怒りは人の内側で膿を

持つのです。パウロは怒りを表に出し、そして上手に処理しなさいと勧めます。「怒ってなどいない」ことを装う人は、怒りを抑圧し、聖書が教えているのと正反対のことをします。彼は怒ったままで一日の終わりを迎え、悪魔にかっこうの足がかりを与えます。別の箇所でパウロは「怒っても、罪を犯してはならない」と言っています。彼の表現は実は命令形です。「怒りなさい」。言い換えれば、怒りを正当な感情として自分に受け入れよ、ということです。あたかもそんなものはないかのように見せかけるな、それを抑えこもうとするな、それを認めよということです。

怒りはエネルギイです。ひとたび怒りが起これば、それに出口をどこかに与えてやらなければなりません。上手《うま》く出してやらなければ、下手《まず》いかたちで出てきてしまいます。

苦しみにあったことは、わたしに良いことです。これによってわたしはあなたのおきてを学ぶことができました。

――119詩篇

142

怒りを表すことについて（続き）

ウィリアム・ブレークは怒れる心への助言として、こう書いています。

「私は友人たちに怒った。私は私の怒りを語った。私の怒りは終わった。私は私の敵に怒った。私は私の怒りを隠した。怒りは大きくなった」。

怒りは表されないままだと必ず大きくなります。受けた傷をくよくよと考えこみ、疑心暗鬼に心を騒がせ、恨みの心にまとわりつかれている内に、だんだんと怒りは人の物の見方を腐らせ、生きる喜びを殺します。

しかし「怒りを話すこと」という解毒剤が毒を消し、人との親しみを回復し、正しい視野を取り戻させてくれます。肝心なのはどのように「怒りを話す」かということです。

かんしゃくを起こしてしまうと、他の人々を傷つけてしまいますが、愛の内で「怒りを話すこと」もできます。その二つには、大きな違いがあります。

アリストテレスはかつてこう言いました。

「誰でも怒ることはできる。たやすいことである。しかし、正しい人に向けて、正しい程度において、正しいときに、そして正しいかたちで怒るのは、誰にでもできることではない。これは大変むずかしい」。

まちがった相手にまたまちがった時に表されると、怒りはさらなる敵意を育てます。しかし憤慨や敵意を特別の友だち、カウンセラー、聖職者や医者といった中立的な人々に向けて表すなら、怒りを無害化し、それによってうつ状態に入ってしまう危険を防げます。

怒りを適切に表現すれば、それは無害化され、うつ状態に入ってゆくのを防げます。

143

酒と薬を遠ざけなさい

うつ状態は時に病的な程度まで進むことを、前にお話ししたかと思います。そうなると専門医の助けが必要になります。たんなる落ちこみやひどい憂鬱程度なら、消沈した気分を追い払うための本人の精神的努力が功を奏します。しかし多くの人々がウツの気分を克服するために果敢な努力をする代わりに酒や薬に頼ったり、せわしなく動き回ったり、……それに類したことに走ります。

しかしそれらはみな、直面する問題に立ち向かうことからの逃避の道です。

たとえば、飲酒は事態を百倍は悪くします。最初の刺激性の効果が去ると、アルコールはすでに落ちこんでいる人をさらに落ちこませる抑圧剤となります。これまで以上のうつ状態が待っています。ウツには特効薬はありません。

アルコールはすでに落ちこんでいる人をさらに落ちこませる抑圧剤。

144 復活の力

トーマス・マートンはこう述べます。


砂漠は絶望の故郷だ。

そして今や絶望はあらゆるところに転がっている。敗北を受容することで静謐な内面的孤立が手に入ると考えないようにしよう。

打ち負かされることに暗に同意しても何ものからも逃れられない。絶望は底なしの深淵なのだ。それに同意することで、またその同意を忘れてしまうことで、その深淵を閉ざしてしまおうと考えてはならない。

そして、これが私たちの砂漠だ。生き、そして絶望に向かい合う、けれど決して同意しないこと。

十字架にある希望によって絶望を踏みつぶすこと。絶望と絶え間なく戦い続けること。

その戦いが私たちの荒れ野だ。

もし勇敢にその戦いを戦えば、キリストが味方であることを見いだすだろう。もし、それに立ち向かえないなら、ついにキリストは見いだし得ない。

信仰の反対は不信仰ではなく、絶望です。絶望するということはイエスの復活の力を信じないということです。復活によってイエスはこの世を支配する悪のすべての力を打ち破りました。その苦しみと十字架によってイエスは私たちの絶望を身を以て味わいました。イエスはご自身を見捨ててしまったかに見える神に叫びを上げました。主は私たちの戦いの中で常に共にいてくださいます。独りぼっちの砂漠の絶望を私たちが体験するとき、復活の希望と力が生き返ってきます。

そして、これが私たちの砂漠だ。生き、そして絶望に向かい合う、けれど決して同意しないこと。十字架にある希望によって絶望を踏みつぶすこと。

145 自己認識と絶望

フルトン・J・シーンはこう書いています。

ありのままの自分を見つめれば、人は絶望する。目を背け続けてきた自身のあらゆる「歪み」が暴露されるから。

もしキリストがお示しになる神から離れて自分を見つめるなら、間違いなくその通りとなろう。唯物主義的な精神分析は必然的に人間性に関して悲観的である。神を信じない者は、癒えることのない病気を前に魂が縮み上がる。己の罪の現実という奈落に滑り落ちてゆくほかない行く末に身震いする。幸福への出口はどこにも見いだせない。

謙虚に自己の罪に直面することのできない彼らは、癒されるための唯一の道は自分の罪を見ることなのに、反対に罪の現存を否定する。

神の力を認める者たちにとっては、ありのままの自分を見つめることは決して絶望に結びつかない。自分を治すことのできる医者に誰が恐れて病気を隠すだろう。自分を贖うことのできる救い主に誰が恐れて罪を隠すだろう。

自分を省みることはクリスチャンには「基礎工事」だ。基礎を深く掘れば掘るほど、建物はより高くそびえ立つ。魂が遜れば遜るほど、神が触れたとき、人は高く上げられてゆく。

重苦しく暗鬱なときは、これが自分、ありのままの真の自分だと悟りなさい。それを霊的な甘みとして、神からの、自分には分をこえた恵みの賞与として受け取りなさい。

——隠遁者聖フェオファン

146

主よ、お助けください、溺れてしまいます！

ある日、ビスマルクが友人の部屋に入ると、壁に自分の肖像画がかかっていました。ご多分に漏れず、

その絵には実際より少々力強すぎる、いかにも豪傑肌の自分が描かれていました。しかし本物の彼はこの偽物に首を振りました。

「私はこんな風に見えるのかね。これは私じゃないよ」。

彼は振り返り、反対側の壁に掛かっていた波に沈みそうになっている聖使徒ペテロの絵を指さして言いました。「これが私だ」。

それはビスマルクだけでなく、私たち一人ひとりの肖像です。不安に怯え、絶望の波に沈み、叫びを上げています。

「主よ、お助けください、溺れそうです!」

水に落ちたペテロを引き上げた、その同じお方が、絶望の淵から私たちを引き上げてくれます。洗礼と同じように、主は暗い死の墓から新たないのちへと引き上げてくれます。死を招く墓の水を、いのちを与える子宮の水へと変えてくれます。落ちこみという墓を新たな希望と生活を生み出す子宮へと変容してくれるのです。

キリストの死からのよみがえりは、冥府の邪悪な力が主に打ち倒されたことを証しています。実に主は、私たちに「復活の食物」を与えてくれました。聖なるユーカリスト、聖体機密です。

よみがえりのキリストは「落ちこみ」という墓を新たな希望と生活を生み出す子宮へと変容してくれる。

147 洗礼者ヨハネの落ちこみ（1）

洗礼者ヨハネは、じめじめして寒い地下牢の中で気力を失ってゆき、ひどいウツに見舞われていました。落ちこみが極限に達した時、彼は主イエスのもとに使いを使わし、主に尋ねさせました。『きたるべきかた』はあなたなのですか。それともほかに誰かを待つべきでしょうか」（ルカ7・19）。

ヨハネは人々に、勝利のメシアが「箕《み》を手に持って、打ち場の麦を篩《ふる》い分け、麦は倉に収め、からは消えない火で焼き捨てる」（マタイ3・12）と告げてきました。しかし実際に出会ったイエスはそんな恐ろしげな方ではなく、メシアの「威厳」など微塵も現さず、静かに身を低くして、ご自身の洗礼を願い出ました。思い描いていたのとは大違いです。この疑惑の地下牢の中でヨハネは落胆し、絶望しました。王たちを叱り、宗教的指導者たちを「まむしの子」と呼んだこの男が、あなたや私と同じように憂鬱に

沈んでいるのです。

ヨハネのつぶやきを想像してみましょう。

「もし彼が死者をよみがえらせるなら、なぜ彼は私を牢獄から救えないのだ。外には私の言葉を聞こうと待っている大勢の人がいるのに、私は今つながれている。大群衆に説き続けてきたこの私が……」。

そして、問うたのです。「あなたはメシアですか、それとも他に誰かを捜さなければなりませんか」。

……なんとたびたび、私たちはこの洗礼者ヨハネと同じ気持ちに落ちこんだことでしょう。

先生、このすべてを誰があなたに教えたのですか。

返事はすぐに戻ってきた。「苦しみが」。

——アルベール・カミュ『ペスト』から

148 洗礼者ヨハネの落ちこみ（2）

洗礼者ヨハネがイエスに「あなたはメシアですか、それとも他に誰かを捜さなければなりませんか」

と尋ねても、イエスはこの悩める預言者を叱りませんでした。

主は、「私はお前を恥じる。お前にはがっかりだ。新しい先触れと告知者を探すことにしよう」とは言いませんでした。彼に「監獄で幸せに過ごすためには」なんてタイトルの、小さなしゃれたパンフレットなど送りませんでした。


反対にヨハネが、イエスについてこれまで一度も口にしたことのない情けない言葉を言った時、主はイオアンについての最もすばらしい賛辞を述べました。

「女の生んだ者の中に洗礼者ヨハネより大きい人物は起きなかった」（マタイ11・11）。

我らの主は、ヨハネの気持ちもよく知り、彼が塵であることも忘れませんでした。そこで、主はイオアンにこの言葉を贈りました。


盲人は見え、足なえは歩き、重い皮膚病の人はきよまり、耳しいは聞え、死人は生きかえり、貧しい人々は福音を聞かされている。わたしにつまずかない者は、さいわいである（マタイ11・5—6）。


「私の仕事のやり方に当惑しない者はさいわいだ」。

主の言葉が告げているのは、ほぼこれと同じです。

「『スケジュール通りにやっている』。彼にそう言いなさい。『計画通りに進んでいる』彼に動揺するなと言ってくれ、彼が予想していたようには私はやっていないのだから」。

救い主は私たちが絶望して気力を失っている時に、同じことを言わないでしょうか。

わたしにつまずかない者は、さいわいである。

——（マタイ11・5—6）

149 神を待ち望め

詩篇作者は尋ねます。

我が霊《たましい》よ、何ゆえにうなだれるのか。（42詩篇）

それは良心を苦しめ、昼も夜も罪の意識で私たちを悩ませる、何かまだ告白されていない罪ではないでしょうか。詩篇作者は答えます。

神を待ち望め。（42詩篇）

なぜなら、福音記者ヨハネが言うように、神は「真実で正しい」方であり、そして「その罪を赦し、すべての不義から私たちを清めてくださる」から（Ⅰヨハネ1・9）。

我が霊《たましい》よ、何ゆえにうなだれるのか。

それは、重荷を一人で背負っていると感じているからではないでしょうか。

神を待ち望め。

「今日は生えていて、あすは炉に投げ入れられる野の草でさえ、神はこのように装って下さるのなら、あなたがたにそれ以上よくして下さらないはずがあろうか。ああ信仰の薄い者よ」（マタイ6・30）。

我が霊《たましい》よ、何ゆえにうなだれるのか。

病気の苦しみ、痛みゆえではないでしょうか。

神を待ち望め。

聖使徒パウロはローマ書8章で言っています。「わたしは思う。今のこの苦しみは、やがてわたしたち

に現されようとする栄光に比べると、言うに足りない」（8・18）。

我が霊《たましい》よ、何ゆえにうなだれるのか。
それは誰か愛する人が死んだからではないでしょうか。

神を待ち望め。
死への勝利者であるお方が、勝ち誇ってこう言っています。「わたしは復活であり、いのちである」。

我が霊《たましい》よ、何ゆえにうなだれるのか。
あなたを悩ませているのは、何をしていてもつきまとう危うさの感覚ではないでしょうか。

神を待ち望め。
キリスト我らの救主に、私たちは最も現実的な安全を見いだします。聖使徒パウロはこう言います。「だれが、キリストの愛からわたしたちを離れさせるのか。患難か、苦悩か、迫害か、飢えか、裸か、危難か、剣か。……しかし、わたしたちを愛して下さったかたによって、わたしたちは、これらすべての事において勝ち得て余りがある」（ローマ8・35～37）。

我が霊《たましい》よ、何ゆえにうなだれるのか。
何ゆえ、わたしのうちに思い乱れるのか。
神を待ち望め。
——42詩篇

わたしは思う。今のこの苦しみは、
やがてわたしたちに現されようとする栄光に比べると、言うに足りない。
——ローマ書8・18

150

五つのポイント

「失望」があなたの問題なら、以下の五つが解決を与えてくれます。

1　世界がどのようになってゆくのかで失望するよりも、むしろ主イエス・キリストによってこの世

にもたらされたものによって勇気づけられよう。

2 未来に何があるかで失望するよりも、むしろ未来を支配するお方を知っていることで勇気づけられよう。

3 この世のあらゆる不正に失望するよりも、むしろこの世のあらゆる正しさに勇気づけられよう。

4 あらゆる罪に失望するよりも、むしろあふれかえる恵みに勇気づけられよう。

5 あらゆる病気に失望するよりも、むしろあらゆる健康と神の癒す力に勇気づけられよう。

選ばなければなりません。

信仰の光の中に立つか、不信の影の中に立つのか。自分に敵対してくる状況を見るのか、どんな状況の中でも私たちを立ち上がらせることのできるお方を見るのか。願わくは、私たちを愛して、その御子を私たちに遣わしてくださった天の父を信頼する決心ができますよう。このお方は私たちを決して突き落としません。落胆と絶望への勝利を恵んでくださいます。

私のカレンダーにはこんな標語が載っています。

「太陽の方向に顔を向ける花は、曇った日でもそうします」。

キリスト教的に翻訳すればこうなるでしょう。「信仰を持ち続けなさい。神はたとえその存在を感じられなくなった『渇いた日々』にも、そこにいらっしゃるのですから」。

151

落ちこみの原因——過去

もう一つのありがちな、落ちこみの原因は過去の罪です。

詩篇作者は「過去を思い出す時、我が心は砕ける」と叫んでいます（42詩篇4節）。

私たちの心もまた、過去を思い出す時、崩れ落ちます。他の人への悪意や苦々しい思い出、また憎しみを心によみがえらせる時には、かならず精神的なストレスと落胆の思いが襲ってきます。

その記録を消し去るには、赦されることが必要です。

また私たちを落ちこませた人々を赦すことが必要です。

そうして初めて、私たちは落ちこみから立ち上がり神の平安を胸に未来へと向かって行けるのです。

他の人への悪意や苦々しい思い出、また憎しみを心によみがえらせる時には、かならず精神的なストレスと落胆の思いが襲ってきます。

152

必要なのは、屑かご

ノーマン・ヴィンセント・ピール博士は、ある会社で重役を務める友人を訪問した時のことを話してくれました。彼の部屋には屑かごがドアのすぐそばに置いてありました。

「屑かごをドアのそばに置くなんて変わってるね」と博士は言いました。友人は「ああ」と答え、こう言いました。

「何でも、屑かごにポイっと投げ込んだら、それで『終わり』だろう」。

「でも、どうして机の下に置かないんだ」。

「僕の夕方の儀式のためさ。……じゃあ見せてやろう」。

屑かごのちょうど上にカレンダーが掛けてありました。一ページごとに大きな字でその日の日付を印刷してある「日めくりカレンダー」です。その日は三月一六日だったことをよく憶えています。友人は、手を伸ばして指で十六の数字をぐっと押さえると、ページを破り取り、くるくるっと丸めて、「いったい何が始まるのだ」と目をぱちくりしている私の前で、指をぱっと開いて屑かごに落としました。三月十六日とは「もうおさらば」と言わんばかりに。

……すると彼は目を閉じました。唇の動きから彼が祈っていることがわかりました。最後に大きな声で「アミン」。そして「ようしオッケーだ、町に出て楽しもうぜ」。

道を歩きながら私は「さしつかえなければ教えてくれ、何を祈っていたんだ」と尋ねました。

「君がふだん祈っているような、そんな立派な祈りではないよ」と取り合ってくれません。

それでも食い下がった私に、ようやく彼が教えてくれたその祈りはこんなものでした。

「主よ、三月十六日をありがとうございました。お願いしたわけではありませんが、あなたは私にこの日をくださいました。最善を尽くしましたが、馬鹿なこともしました、いくつかまちがいも犯しました。あなたに耳を傾けなかったせいです。でも、あなたにお尋ねしたおかげで少しばかり善いこともしました。いずれにせよ、よいことも悪いことも、成功も失敗も、もう終わってしまった三月十六日と共に過ぎ去りました。この日をあなたにお返しします。ありがとうございました。アーメン」

私たちはしばしばこんな時に落ちこみます。

これまでずっと昇り続けてきた「出世のはしご」が、実は見当違いの建物に架けられていたことを知った時です。

153 神の赦しの屑かごに捨てなさい

屑かごのほかに置き場のないことが、人生にはあるものです。

人生で「もう死んでしまったこと」があれば、それはちゃんと埋葬されなければなりません。赦しと忘却の中に深く……。そうしないと、それはいつの間にか私たちの昼も夜も毒します。

落ちこみへの善い処方は昨日のしくじり、過ち、不満、そして憎しみを引きずって今日に持ち込まないことです。そのような荷物を背負っていては、立ち上がれません。


きのう何か失敗しましたか。では……

その失敗が教えるあらゆる「ノウハウ」を引きだしたら、屑かごに捨ててしまいなさい。

きのう誰かがあなたを傷つけましたか。では……

そこから学べる知恵を引きだしたら、屑かごに捨ててしまいなさい。

きのう何か罪を犯しましたか。では……

罪責感にとらわれて、そのことにぐずぐずこだわらずに、悔い改めと祈りと告解のなかで、主にあずけてしまいなさい。そして、神の忘却の屑かごに捨ててしまいなさい。

人生で「もう死んでしまったこと」があれば、それはちゃんと埋葬されなければなりません。赦しと忘却の中に深く……。

154 イエスの祈り

落ちこんでしまうと、祈る気にもなれません。だから、繰り返し祈れる短い祈りを用いることが大切です。そんな短い祈りに「イエスの祈り」があります。

「主イエス・キリスト神の子や我罪人を憐れみたまえ」。

この祈りは「主、憐れめよ」、さらにたんに「イエス」とその名を呼ぶことで、もっと短くすることもできます。心から祈るならイエスの名は力を持ちます。

階梯者聖イオアンネスはこう書いています。

祈りから多くのことばを追い出しなさい。

税吏と放蕩息子が神の赦しを得るには、一つのことばで十分だった。

祈るとき、自分の思いにぴったりなことばを探そうなどと思ってはならない。

子供の単純で単調な口ごもりがむしろ、父親の注意を惹くものだ。

長ったらしいおしゃべりを始めてはならない。

そんなことをしたら、心はことばを探し回って散漫になる。

税吏は短いことばでこそ神の憐れみを引き出せたのだ。

信仰があふれた一つのことばが、盗賊を救った（ルカ23・40—43参照）。

祈っているうちに、一つのことばに慰めと優しさを感じることはないか、
その時はそのことばに立ち止まりなさい。
それはあなたの守護天使があなたと共に祈っているしるしだから。（天国への梯子　第28講）

聖人たちの一人がこう言っています。

「天国は神であり、神は私の心の中にいる」

いろんなことに引き裂かれていた精神と心が「イエスの祈り」によって清められ一つにまとめられた後は、神は確かにイエスの祈りを通じて心におられ、心は天国になる。

一人の聖師父はそんな時は「私たちの思いは穏やかな海を泳ぐ幸せなイルカたちのようだ」と言っている。

太陽の光線によって地表が、覆われていた雲の影から解き放たれるように、祈りは魂から情念の雲を破り、吹き払い、安らぎと喜びによって心を照らし出す。

——シリアの聖イサアク（前頁写真）

155 勇気が挫けたら、神の憐れみを恃《たの》みなさい

アヴィラのテレサがこう書いています。

娘たちよ、悪魔の唆しによるある種の「謙遜」に気をつけなさい。その謙遜にはいつも自分の罪深さへの不安感がつきそっている。

悪魔はこの手段を用いて、私たちの魂をさまざまに混乱させ、ついには領聖（聖体拝領）を、また日々の祈りを、「自分はそれにふさわしいだろうか」という疑いによって断念させてしまう。

「自分はご聖体を受けるにはあまりに不当ではないか？」
「神が私を受け入れてくれるだけのよい心を、私は持っているだろうか？」

クリスチャンはそんなふうに祈りから隔てられ、領聖の時、すなわちそこで恵みを受け取らなければならないその時を、自分がふさわしく領聖に準備したかどうかという不安な詮索で費やしてしまう。もしこんな気持ちに落ちてしまったら、自分の惨めさからできるだけ心を引き離しなさい。そしてひたすら神の憐れみと愛と、主が私たちのために成し遂げてくれた一切に心を集めなさい。

我々の時代は何よりもまず「不信仰」の時代である。そしてそれゆえに、不安と混乱と絶望の時代である。何の希望も無いあまりにも多くの人々であふれている。まさしく信仰を失ったが故に。

——ゲオルギイ・フロロフスキー神父

156 銀の裏地を探そう

雲の「銀の裏地」を探す習慣を身につけましょう。見つけたら内側の鉛色ではなく、それを縁取る銀の裏地を見つめ続けましょう。

どんなに激しく圧せられても、悩まされても落ちこみに降参してはなりません。落ちこんだ魂には手の施しようがありません。落ちこみの内では敵の企みに抵抗できず、自分を忘れて他の人々のために祈ることで、それに打ち克つ事もできません。

この手強い敵のあらゆる徴候から身を避けましょう。まむしから身を避けるように。

神の約束を探し出し、その一つ一つに「この約束は私のものだ」と声を上げましょう。

もしそれでも疑いと落ちこみをぬぐえないなら、あなたの心を神に注ぎだし、あなたを執拗に悩ます敵を叱ってくれるようお願いしましょう。

あなたが心から不信と落ちこみの徴候から逃れた瞬間、尊い聖霊があなたの信仰を呼び覚まし、あなたの魂に、神の力を注ぎ込んでくれるでしょう。

やがてあなたが、あなたを攻撃する疑いと落ちこみのあらゆる傾向を、きっぱりとまた手加減抜きで無視するようになった時、暗黒の力が引き下がってゆくのに気付くでしょう。

神のあらゆる素晴らしさは、最も弱い信仰者の側のものです。彼はキリストの名を、素朴な子供のように信頼し、自分を神に引き渡し、助けと導きを求めて神に向かいます。

「調子どう?」「楽しくやってる?」と尋ねられた時、何度答えただろう。「ああ、それなりにね(under the circumstances)」と。そう答えるにはそれなりの理由があるのだろう。しかし厳密に言えば、クリスチャンは「それなりに」生きる必要はまったく無い。なぜって神は「それ(the circumstances)」の内にではなく、それの上で生きさせてくれるからだ。

——H・W・ゴッケル

157 夜、落ちこみの温床

夜はよく「落ちこみの温床」と呼ばれます。

悩みの種をくよくよと、演奏家がコンサートに備えてリハーサルをくり返すように、心に繰り返し、眠れません。想像力が運命と絶望で折り上がった紙の家を建てるように、時間外も働き続けます。モグ

ラ塚から山を、涙のわずかなしたたりから大海を作りだしてしまいます。ぐっすり眠れず、自己憐憫が心を占め、典型的な落ちこみに捉えられます。

一人の夫が、ここから抜け出す方法を見つけました。彼の妻が眠れないと訴えた時、彼は妻に、屑かごを自分のベッドのそばに置いておいて、彼女のあらゆる思いをその中に放りこんでしまうことにしたらどうかと、勧めました。彼女はそのアイデアを実行し、それは効き目がありました。

もっとよい屑籠は祈りです。悩ませている思いをみんな祈りによって神の前にさしだし、すべてそこに置いて去るのです。詩篇作者がいつもしているように。

神が私たちの内で働き始めると、遅かれ早かれ、神はご自身の聖性のまえに私たちを立たせます。しかし、それればかりではありません。私たちの自身の暗黒の前にも。

158

意味を差し出すただ一つの出来事

ウィリアム・ジェイムスはこう述べています。

もしほんとうに私たちが無意味な世界の一部分に過ぎないなら、私たちの人生は、イエスが十字架で殺されただけで復活が無いようなものだ。そうなら、落ちこみはそのような現実への筋の通ったたった一つの受けとめである。そんな条件のもとでは、鋭敏で感じやすい人物は落ちこむに決まっている。

この悪から私を救い、希望を与えるただ一つの出来事を見つけた。イエスの復活である。復活したお方をいつも共にいてくださるように受け入れれば、私は毎日耳にするあらゆる悪、——強姦、略奪、戦争、そして憎しみに面と向かって、なお依然として希望を捨てないでおれる。

復活はこの世界の究極的な本質を顕し、復活のキリストは悪の力に対し勝利し続けている。

涵養すべきただ一つの「落ちこみ」は罪の悔い改めと神への希望に伴われている悲しみである。聖使徒パウロが語っているのはこのような「落ちこみ」である。

「神のみ心に添った悲しみは、悔いのない救いを得させる悔い改めに導き、この世の悲しみは死を来たらせる」（コリント後書7・10）。

この「神のみ心に添った悲しみ」は、痛悔によって生じる希望を通じて魂を養い、いつも喜びとともにある。

——聖イオアンネス・カシアン

159 絶望が神に導く時

聖師父のひとり、シリアの聖イサアクは次のような逆説的な言葉を残してくれました。

「絶望にまさって力あるものは無い」。

彼が言いたいのは、神との真の関係に到達するためには、真の絶望を通り抜けてゆかねばならないということです。あらゆるもの、自分の道徳的資質、徳、たとえ強力で影響力があっても教会の組織に対してさえ絶望しなければなりません。たとえ揺るぎない説得力があっても教義やイデオロギイに絶望しなければなりません。これらすべてに絶望しなければなりません。私たちは真の意味で「死」を通り抜けなければならないのです。

その死、完全な絶望の中には、キリスト以外には何も残っていません。

その時、私たちは主イエスに向かって身を転じます。キリストを選ぶか、無を選ぶかしか選択がないからです。

その瞬間から、もう一つの生き方が始まります。その時、私たちは水の上を歩くことができます。

私たちは真の意味で「死」を通り抜けなければならないのです。その死、完全な絶望の中には、キリスト以外には何も残っていません。

160 何ごとにおいても神に光栄!

聖イグナティ・ブリアンチャニノフはこう述べています。

悲しみ溢れる落胆の時にも、喜びの時にも、神への感謝の言葉をくり返さねばならない。イエスの祈りに費やす回数と時をもって、「何ごとにおいても神に光栄」、くり返して「何ごとにおいても神に光栄」。この祈りは心からつぶやきを追い払ってくれる。混乱は消え、平安のみが心を占める。そして喜びが……。主はあらゆる混乱と苛立ちを追い詰める光をお持ちだ。もし魂が信仰をもって主に近づいてゆくなら。

平安と喜びを与えられる前には、まず嘆きが悲しみ、後悔、涙によって表現されなければならない。大斎、受難週、聖大金曜の痛悔の悲しみが、復活大祭に先立たなければならぬように。近道はない。

161

主は私たちの苦痛を喜びに変えてくれる

カルパトスの聖イオアンネスはこう述べました。

修道士たちが、苦難とさまざまな悲しみに耐え、たくさんの試練と誘惑の中で、主が与えるすべてをしんぼう強く待ち受けるのは、何も奇妙なことではない。

彼らは、主の福音がこう告げているのをずっと聞いているからだ。

「よくよくあなたがたに言っておく。わたしから離れないなら、あなたたちはきっと泣き悲しむことになろう、それをこの世は喜ぶにちがいない。

しかし、しばらくたてば、私は『慰める者』によってあなたたちを訪れ、その憂いを追い払ってしまおう。

天上のいのちと平安への思いで、わたしはあなたたちを新しくする。あなたたちは涙の甘さを知

るだろう。そして短い試練のあいだに、あなたたちから奪い取られたすべてを、わたしは回復してやろう。

わたしは母が泣く子にその乳を与えるように、わたしの恵みの内にあなたたちを抱き取るだろう。あなたたちの戦う力が尽き果ててしまったら、天上から降される力によって力づけ、あなたたちの苦みを甘くしてあげよう。そしてエレミアが『哀歌』で言っているように、あなたたちの内に隠されているエルサレムについて教えてあげる。

そして、わたしはあなたを見つめるだろう

あなたの心は、わたしの密かな訪れに喜び、あなたの苦しみは喜びに変わる。誰もあなたからその喜びを奪い去ることはできない」(ヨハネ16・20—22参照)。

「死」という言葉を使う時には、

いつも同時に「キリスト復活！」を言うのだ。

162

守護天使の救い

「ロシアの小さなフィロカリア」（第3巻）から。

絶望した私は、死んでしまおうとピストル（いつも身に帯びていました）に手を伸ばしました。しかし一つの声が私の心に呼びかけました。「絶望してはいけない。神に希望をかけなさい。神は悔い改める者には、寛大で慈愛に溢れている。だから人生の最後の瞬間まで決して絶望してはいけない」。

これはもちろん私の守護天使の声でした。私はピストルを手から落とし、一歩後ずさって、救い主の十字架を見つめました。涙がほとばしり出て頬を落ちてゆきました。私は転んで膝をつき、そこで眠ってしまうまで泣き続けました。

目を覚まし、立ち上がりました。もう朝が来ていました。まわりには何もありませんでした。あらゆるものが当たり前のようにそこにありました。私の魂には平安がありました。

「ああ主よ、あなたの憐れみは何と大きいのでしょう」。

次の日、私は聖体を受けました。あの荒波のような思いは私の心からすっかり消えていました。


祈りは悲しみと落胆に対するよき薬である。

――シナイの聖ニルス

163 絶望から救われたペテロ

カルパトスの聖イオアンはこう言っています。

罪を犯すことより、絶望してしまうことの方がいっそう深刻である。

裏切り者のユダは敗北主義者で、霊的な戦いに未熟だった。その結果、敵（悪魔）の猛攻撃によって絶望に落ちた。そして出て行き自ら首をくくった。

一方ペテロは、まさにかたい「岩《ペテロ》」だった。

恐ろしい罪に打ち負かされてしまったにもかかわらず、彼の霊的な戦いの経験の積み重ねが絶望から彼を救った。

彼はすぐに立ち上がり、悔悟と謙遜の涙を流した。

敵はその涙を見るとたちまち、まるでその両目が炎に焦がされたかのように後ずさりし、わめくように悲しみながら逃げ去った。

核の廃棄物と同様に、嘆きを封じ込めておこうとすることは困難で危険です。思いもよらないときに漏れ出し、それは破壊的な損害をもたらします。嘆かずにいることは、「損害」を表現することの苦痛以上の苦痛を、結果としてもたらします。

164　人生に「とげ」を受け入れること

新致命者〈近現代で新たに殉教〈致命〉した人々〉の皇女アレクサンドラは述べています。

聖使徒パウロは、自身に刺さったとげを「喜んでいる」と語っています（コリント後書12・9参照）。しかし最初からそうだったのではありませんでした。彼は、天に向かってそのとげを取り除いて下さいと、叫びました。

しかし主が、「それはそのままにしておかなければならない、それはあなたに必要なのだ。そのとげは私が祝福したものなのだ」と告げたとき、彼は苛立つことをそれっきりやめました。彼はいち早くそのとげを友とし、もうそれに不平を言うことはありませんでした。

これが、どうしても取り除くことができない、受け入れがたく不快な、また苦痛をもたらすあらゆるものへの唯一の正しく懸命な対処法です。

それは神のご意志です。そのとげは神のみが知る道理に適った理由によって、私たちの人生に存在しているのです。心に受けとめ、キリストから来たものとして受け入れることで、それに勝たねばなりません。どんなにそれが私たちを傷つけようとも、もしこのように受けとめるなら、それは私たちの人生に祝福をもたらします。神の大きな祝福のうち、あるものは私たちに刺さったとげによって贈られます。無理やり引き抜いて失ってしまえば、とても悲しい結果となるでしょう。

「自分」で心がいっぱいで、キリストのための場所を持たない多くの人々がいます。もし彼らが自分から「自分」を空っぽにすることができれば、主は彼らをご自身で満たすことでしょう。彼らはこの世界のために善きものをもたらす、筆舌に尽くしがたい力を持つようになるでしょう。人生を豊かなものにしてもらうために、安心して主に自分をゆだねてよいのです。

主は知っておられます。いつ苦痛が必要か、いつ喪失が獲得への唯一の道となるか、いつ私たちを主の足もとにしっかりとどめるために受難が必要かを。

主は私たちを祝福するために、いろいろなかたちで「やっかいなこと」を与えます。そのとき、と

げに苛立って、それを拒絶するなら、私たちはいつでも大事なものを喪失するでしょう。

主よ、感謝します。あなたは、それがなければあなたの愛の健全さを知り得ない「空隙」を、私たちの内に置いてくださいました。

——聖エイレナイオス

165 神は私たちを慰める

新致命者皇女アレクサンドラはこう書いています。

神は、人々の「慰め手」であろうと、心から望んでいます。

神の心は人間の痛みを憐れみ、苦難に寄り添ってくれます。

聖書を読んでごらんなさい。

そこには最初から最後まで慰めが溢れています。

どのページでも、神は人々に、ご自分が彼らを愛していることを、
ご自分が彼らの友であることを、
彼らがよき業をするように求めていることを
信じさせようとしています。

どんなかたちであるにせよ、神の慈愛を宣言していない章は聖書の中には一つもありません。

それが聖書を、意気消沈している人々に、失望している人々に、不当な目にあっている人々に、愛する者に先立たれた人々に、孤独な人々に……、
あれほどまでに親しみに満ちた大切な本にしているのです。

聖書はまるで、辛いとき、苦悩の時、頭をそこに委ねる母の胸です。

――新致命者皇女アレクサンドラ

166　冠が待っている

ソーラの聖ニールは述べています。

悲しみの霊と戦うことは、決しておろそかにできない課題である。なぜなら、この誘惑は私たちを絶望と破滅へと追いやることができるからだ。

私たちには神の摂理に適わないことは何も起こりえない。神から私たちに贈られることは何ごとも私たちには善きことであり、魂の救いのためのものだ。

たとえもし、そのときには有益なものとは思えなくとも、後になってほんとうは何が私たちにとっての善なのかを理解するだろう。私たちが望んでいるものではなく、神が私たちのために何をしてくださったかが、わかってくるのだ。

神が私たちに試練を送るのは、私たちへの慈愛ゆえなのである。私たちが苦難を耐え忍んだ後に、これらの苦しい試練は主によって送られた冠となるのだ。試練なしで栄冠を受けたものは誰もいない。

人はあらゆることの前に、神を記憶するためにあの普遍的な戒めを置かなければならない。「あなたは、あなたの神、主を憶えなければならない」（申命記8・18）。私たちを破滅させるのは、神を忘れることである（8・19参照）。

——シナイの聖グレゴリオス

167 神の光輝に焦点をあわせる

隠遁者聖フェオフォンは書いています。

私たちが主と共にいるなら、主もまた私たちと共にいる。そこは光輝に溢れている。

窓のカーテンが開かれていて、その上さらに太陽が照っているなら、部屋は光に溢れる。もし、一つの窓のカーテンを引いて閉じたなら、少し暗くなるだろう。さらに全部の窓のカーテンを閉じてしまったら、部屋は真っ暗になってしまう。

魂も同じだ。魂がその力と感覚をすべて動員して神に向かうなら、その内にあるすべては明るく、喜びに満ち、平安だ。

しかし魂が何か他のものに気を取られていると、この光輝は消え失せてしまう。多くの物事が魂を捉えていればいるほど、そこに侵入してくる闇はいっそう深い。最後は真っ暗闇となってしまう。

闇を来たらせるのは数々の思いというより、むしろ感覚である。さらに一瞬、感覚によって心を奪われるより、持続的に情念が何ものかに執着しているなら、その闇はもっと深い。そして遂に行動に移されてしまった罪はあらゆるものを完全に闇に閉ざしてしまう。

「白昼の悪魔」とも呼ばれる「気落ち」の悪魔は、他の何ものよりも深刻である。

——隠修者エヴァグリオス

168

悲しみの管理

最近のことですが、たまたま通りかかった町の図書館の古本処分セールで、ボロボロになった本の山の中から、かび臭い小さな書物を見つけました。１９３０年に出版されたダグラス・スカボロー・マクダニエルによる『悲しみの管理』という書物です。

その題名は私をひどく引き付けました。何年も「悲嘆」についての分野で、研究し、カウンセリングを行い、また本を書いてきた私ですが、この古くから伝えられる真理を反射して輝く、霊的な知恵の素朴な宝石を見失っていました。

冒頭には、この本の題名と同じ「悲しみの管理」と題された詩が掲げられ、管理という概念が簡潔に紹介されています。

その悲しみに従順に耐えるとき
私は「父」から貸し与えられた一つ一つの愛すべき悲しみの世話役だ。
その貴重な経験の意味を、忘れないだろう。
心を傷ませるこの悲嘆の、私は決して持ち主ではなく、管理人に過ぎない。
父はそれを私に貸し与え、私に錬金術師のように用いさせる。
悲嘆はやがて父の知恵によって送られた祝福に変えられる。
そのとき、この委ねられた管理がどのように実を結んだかを
恐れることなく父の前に披瀝することができるのだ。

悲しみに面と向かい合いましょう。悲嘆は私たちが待ち望んでいたとおりの贈り物ではありません。ほとんどの人はそれを受け取るのに時間がかかります。それに反抗し、返上しようとし、拒絶、あるいは逃避します。悲嘆が私たちに「押しつけられる」のは何も不思議なことではありません。それを積極的に選ぶ者はほとんどいないからです。そしてもし、私たちが遂にそれを受け入れざるを得なくなったなら、私たちはいつも、送ってくれたお方に少々不満です。

しかしこの小さな本は、悲しみを受け取ることは私たちの責任であり、背負わねばならない重荷と認

識すべきもの、私たち自身のため、また他の人々のための資産に数えるべきことを教えています。悲嘆は与えられたもの、生きることの一部、人間に共通の委託物です。誰でもがそれぞれに「悲しみ」の一部分を受け持たねばなりません。人はそれを免れることはできないのです。問題はその存在ではなく、私たちがそれをどう用いるかです。

> 人生と信仰は常に前進を要求します。私は何かを後ろに捨ててゆくことなしには前進できません。……人がこれまでしっかり抱きしめてきたものを手放し、後ろに置いてゆくのは、なかなか大変なことです。……空中ブランコ乗りは、彼が支えている者を、もう一人のブランコ乗りに引き渡すために、たった一瞬しかない正しい瞬間に手を離さなければなりません。
>
> ——ポール・トゥルニエ

169

悪魔はあなたをかき立てて、絶望に至らせる

クロンシュタットの聖イオアンは書いています。

祈っているときには、自分自身を見張っていなさい、それは外面的にだけではなく、内側のあなたも祈るためだ。

悪魔の言うことに耳を傾けてはならない。悪魔は巧みにあなたを絶望に駆り立てる。反対に彼の策略を見抜きそれに打ち克ちなさい。

救い主の慈憐と愛の深さをいつも憶えていなさい。悪魔は主の御顔を、あなたの祈りと悔い改めを拒む恐ろしく無慈悲なもののように見せるに違いない。しかし主ご自身の言葉を思い出しなさい。「わたしに来る者を決して拒みはしない」（ヨハネ6・38）。そしてさらに、「すべて（罪と過ち、そして悪魔の策略と虚言によって）重荷を負うて苦労している者は、わたしのもとに来なさい。あなた方を休ませてあげよう」（マタイ11・28）。

わたしは完全に愛されている、まったく赦されている、溢れんばかりに喜ばれ、すべてを受け入れられ、わたしのためにある復活の力のいっさいとともに、キリストに結ばれている。

170

憂いと虚無感

シャルル・ド・フーコーは、彼の回心に先駆けて襲ってきた憂いと虚無感に閉ざされた時期について書いています。

神よ、あなたは私にかつて味わったことのない憂いと虚無を経験させた。部屋で独りぼっちでいると毎晩、その虚しさは襲ってきた。私たちのいわゆる「祝宴」（フーコーはこの時期毎夜のように友人・知己を招いて宴会を催していた）の間に、それは私を沈黙させ落ちこませた。自分の気持ちを何とか引き立てておきたかったのだが、実際には、その時が来るとだまりこくって、うんざりするほどの、この上ない退屈を耐えて、それをやり過ごすほかなかった。あなたは何とも名状しがたい不安感を私に与え、私の良心は混乱した。良心は全体としては眠っていたかもしれないが、完全に死んではいなかった。それほどまでの悲しさ、落ちこみ、焦燥感を感じたのはその時だけだ。

　おお神よ、それは疑いなく、あなたからの贈り物だった。私は不信によって、何とあなたを遠く離れていただろう。あなたは何と良きお方なのだ！

シャルル・ド・フーコーにとってその空虚感への落ちこみは神へ向かう前奏曲でした。
ある人がこう述べています。

砕かれるのは良いことだ。
しくじるのは良いことだ。
そのしくじりによって心が砕かれ
心にこの空虚が生まれなければ
希望を与えてくれる神を、お迎えする場所ができないからである。

聖アウグスティヌスも書いています。
「心を空っぽにしてはじめて、神が私たちの心を、もっとご自身を受け入れやすい場所にしてくれる」。

私たちは幸福で強く勇敢で、何ごとにも耐えられ、すべてのことが可能となろう。もし、どんな日にも、どんな時にも、どんな瞬間にも、自分のいのちが神の御手の内にあることを信じるならば……。

——ヘンリー・ヴァン・ダイク

171

つまるところは……

落ちこみが始まると人はお互いから少しずつ離れてゆき、ついに、もはやお互いの助け合いができなくなってしまいます。よくあることです。結婚生活でそれが起きたときのことを考えると、身震いしないではおられません。一方の落ちこみが二人の間にくさびを打ち込んでしまい、夫と妻が普通の会話をもうほとんどできなくなってしまう、そんな結婚生活です。

幸運にも、今日では、落ちこんでしまった人々への助けが、昔よりずっとたくさんあります。神の大きな愛の永遠のメッセージが今も宣べ続けられています。そしてその上に、復活したキリストがいつも共にいてくださいます。偉大な医師、偉大な心理療法家また精神分析医が、最新のすぐれた薬物と医療

技術を提供し、落ちこみの暗い谷間を歩む人々の治療を助けます。

この悲惨な病について理解すること、そして神が差し出してくれているこの病の治療の手段を知ることは、何と大切なことでしょう。すなわち

聖書
教会の諸機密（秘蹟）
礼拝
祈り
医学

キリストに従うということは、ある意味では、暗く混沌とした内面世界の深みを歩んでゆくプロセスである。

——G・マクドナルド

絶望は自己愛の極限である。人が自らを失われた存在として知るという、腐りきった倒錯的な「贅沢」を味わうために、他の人々から差し出されるあらゆる助けに背を向けた

時、そこに至る。

高慢が究極的に行きつく先が絶望である。高慢な人は誇大な高慢さとその頑固さによって、究極の悲惨のうちに破滅することを選ぶ。彼らは拒絶する。神の差し出す幸福を受け入れ、神が私たち以上のお方であり、人は自らの運命を自らの手で成就できないと認めることを。

いっぽう、ほんとうに遜った人は絶望できない。なぜならそのような人の内には、もはや自己憐憫の類《たぐい》は存在しないからである。

——トーマス・マートン

次々と暗さを増してゆくさまざまな雲が、地獄からわき上がって来るかのように魂に覆い被さってきても、またひどい悪意、うらやみ、疑い、頑固さ、またその他のさまざまな邪悪な思いが心に現れてきても、決して落胆してはなりません。

確信していなければなりません。あなたの精神の地平にこのような暗い雲が集まってくるのは避けられません。しかし、それらはいつもそこにあるものでも、ずっとそこに留

まり続けるものでもありません。空に現れる黒雲のように流れてゆき、やがて消え去ります。心は再び澄んできます。空には雲があります。昼間の明るさは失われてゆき、やがて真っ暗になってゆきます。けれど、空はいつも雲で覆われているわけではなく、日の光は新しい力を帯びてまた射し込んできます。

——クロンシュタットの聖イオアン

出生また活動地	記　　　事	章
ギリス	冒険小説家	127
メリカ	心理学者	128
メリカ	アメリカで最も多く聴衆を集める説教家の一人	129
ペイン	小説家「ドンキホーテ」の作者	130
メリカ	女流作家　「私は神に出会った」の作者	133
レクサンドリア	初代教会の著名な師父	135
メリカ	心理学者	138, 158
シア	ソヴィエト体制末期、体制に異議申し立てをしたロシア正教会神父	138
明	不明	138, 157
メリカ	医師　ソーシャルワークの先駆者	140
ギリス	詩人、画家、版画家、編集者	142
代ギリシャ	哲学者	142
メリカ	カトリックの修道司祭、著作家	144, 171
メリカ	カトリックの聖職者	145
シア	19 世紀ロシアにおける正教復興の担い手、フィロカリアのロシア語版など膨大な著作を残す	145,167
ロイセン、ドイツ	ドイツ統一の中心人物「鉄血宰相」	146
ルジェリア・フランス	小説家、劇作家。「ペスト」「異邦人」などの作者	147
メリカ	ポジティヴ・シンキングを提唱した聖職者	152
ペイン	修道女、神秘家、修道院改革に尽くした	155
シア、アメリカ	正教の現代を代表する神学者	155
メリカ	ルーテル派の聖職者、ルーテル派の宣教テレビ番組のライターかつプロデューサー	156
リシャ	詳細不明の修道士	161, 163
ンスタンチノープル	イオアンネス・クリュソストモスの弟子	162
シア	ロシア皇帝ニコライ二世の皇后　一家はボルシェビキに殺害される	164, 165
ヨン	古代教会最大の教父の一人　主教	164
シア	修道院が財産を持つことに反対した「非所有派」の指導者	166
ナイ、アトス	ヘシュカズム（静寂主義）を追求した師父	166
メリカ	「悲しみの管理」の著者	168
ランス	カトリックの神父、探検家、地理学者	170
メリカ	アメリカの著述家、教育者、牧師	

	名　　　前		生没年
89	スティーブンソン	Stevenson	1850-1894
90	H. マウラー	H. Mowrer	1907-1982
91	B. ハイベルス	B. Hybels	1951-
92	セルヴァンテス	Cervantes	1547-1616
93	キャサリン・マーシャル	Catherine　Marshall	1914-1983
94	アレクサンドリアのクレメンス	Clemnt of Alexandria	2 世紀
95	ウィリアム・ジェームス	William James	1842-1910
96	ドミトリー・ドゥドコ	Dritri Dudko	1922-2004
97	V. デイヴィス	V. Davis	不明
98	R. C. カボット	R. C. Cabot	1868-1939
99	ウィリアム・ブレーク	william Blake	1757-1827
100	アリストテレス	Aristotle	BC384-BC3
101	トーマス・マートン	Thomas Merton	1915-1968
102	フルトン・J・シーン	Fulton J.Sheen	1895-1979
103	隠遁者フェオファン（聖）	Theophan the Recluse	1815-1894
104	ビスマルク	Bismarck	1815-1898
105	アルベール・カミュ	Albert Camus	1913-1960
106	ノーマン・ヴィンセント・ピール	Norman Vincent Peale	1898-1993
107	アヴィラのテレサ	Teresa of Avila	1515-1582
108	ゲオルギイ・フロロフスキー	George Florovsky	1893-1979
109	H. W. ゴッケル	H. W. Gockel	1907-1989
110	カルパトスのイオアンネス（聖）	John Karpathos	7 世紀
111	シナイのニルス（聖）	Nilus of Sinai	430 永眠
112	皇女アレクサンドラ（聖）	Tsaritsa Alexandra	1872-1918
113	エイレナイオス（聖）	Irenaeus	130-202
114	ソーラのニール（聖）	Nilus of Sora	1433-1508
115	シナイのグレゴリオス（聖）	Gregory of Sinai	1260-1346
116	ダグラス・スカボロー・マクダニエル	Douglas Scarborough McDaniel	1871-1944
117	シャルル・ド・フーコー	Charles de Foucauld	1858-1915
118	ヘンリー・ヴァン・ダイク	Henry van Dyke	1852-1933

出生また活動地	記事	章
ア	ソヴィエト時代の反体制家。正教に転じる	88
ンス	哲学者、神学者、科学者。「パスカルの原理」、主著「パンセ」の「人間は考える葦」で有名	88
ス	「フィロカリア」の編纂者	90
プト	砂漠の修道士	91
ア	主教、神学者	91,160
ジア	主教、神学者。聖大バシレイオス、ナジアンザスのグレゴリオスとともに、カッパドキアの三大教父。	92
ジア	キリスト教最大の教父の一人	92
ンダ	カトリック司祭	94, 116, 137
リカ	有名なボクサー	96
リス	ナポレオン戦争で活躍。以後、ウェリントン公爵位は代々受け継がれることとなる。	96
ア	キエフの府主教	98
リカ	女流作家	99
ストリア、アメリカ	フロイド、ユングと並ぶ精神科医、心理学者	102
リカ	精神科医、精神分析家	102
リカ	作家	178
ア	主教、神学者	104
リカ	精神分析家	105
リカ	宇宙飛行士　人類初の月面着陸を果たしたアポロ11号の乗組員	107
リス	第二次大戦時のイギリス首相	107
リカ	ノーベル賞受賞作家　「誰がために鐘が鳴る」「老人と海」など。	107
リカ	南北戦争時のアメリカ大統領	107
ツ	作家　「ファウスト」「若きウェルテルの悩み」など	107
ア	作家　「戦争と平和」「アンナカレーニナ」など	107
リカ	南北戦争、南軍の名将	107
ア〜アメリカ	ノーベル賞受賞作家　ソ連時代の収容所体験を現した「収容所群島」で著名	112
リス	カトリック司祭　哲学者	113
リス	キリスト教神秘主義についての著作家	117
明	不明	121
リカ	奴隷解放運動家	122
リカ	女性コラムニスト　新聞の人生相談へのウィットに富んだ解答で人気を博した。	124
リス	神学者	126

	名前		生没年
58	タチアナ・ゴリチェヴァ	Tatiana　Goricheva	1947 〜
59	ブーレーズ・パスカル	Blaise Pascal	1623-1662
60	聖山アトスのニコデモス（聖）	Nicodemus of Mt.Athos	1749-1809
61	聖大アントニオス	Anthony	251?-356
62	イグナティ・ブリャンチャニノフ（聖）	Ignaty Brianchaninov	1807-1867
63	ニッサのグレゴリオス（聖）	Gregory of Nyssa	335?-394 以降
64	バシレイオス（聖）	Basil	330?-379
65	ヘンリー・ナウエン	Henry Nouwen	1932-1996
66	ジェームス・コルベ	James Corbett	1866-1933
67	ウェリントン公爵	Duke of Wellington	1769-1852
68	アレクセイ（聖）	Alexis	1296-1378
69	フラナリー・オコナー	Flannery O'Connor	1925-1964
70	アドラー	Adler	1870-1937
71	カール・メニンガー	Karl Meninger	1893-1990
72	アラン・コーエン	Alan　Cohen	1950-
73	ザドンスクのティーホン（聖）	Tikhon of Zadonsk	1724-1783
74	M. シュワルツ	M. Schwartz	現代
75	エドウィン・オルドリン	Aldrin	1930-
76	ウィンストン・チャーチル	Winston Churchill	1874-1965
77	アーネスト・ヘミングウェイ	Ernest Hemingway	1899-1961
78	エイブラハム・リンカーン	Abraham Lincoln	1809-1865
79	ゲーテ	Goethe	1749-1832
80	トルストイ	Tolstoy	1828-1910
81	ロバート・E・リー	Robert E.Lee	1807-1870
82	ソルジェニーツィン	Solzhenitsyn	1918-2008
83	ジョセフ・リカビー	Joseph Rickaby	1845-1932
84	エヴリン・アンダーヒル	Evelyn Underhill	1875-1941
85	J. クレイプール	J. Claypool	不明
86	フレデリック・ダグラス	Frederick Douglass	1818-1895
87	アン・ランダース	Ann Landers	1918-2002
88	O. チャンバース	O. Chambers	1874-1917

出生また活動地	記事	章
メリカ	ロシア移民の司祭 「ロシア人司祭の日記」が広く読まれている	32
メリカ	メソジスト派の神学者　伝道活動に携わったインドでの、独立運動の指導者たちとの交友で名高い	35
イツ～アメリカ	相対性理論で著名な世界的理論物理学者	36
アフリカ	西方教父の第一人者　ヒッポの主教	36, 39, 70, 170
メリカ	ラジオとテレビの作家	36
ギリス	スコットランド出身の伝道者、説教家	38
ギリス	詩人、戯曲家	44
ギリス	「ナルニア国物語」を書いた作家　キリスト教著述家でもある	45,97
代ギリシャ	ストア派の哲学者	45
ラノ	ミラノの主教　アウグスティヌスに大きな影響を与えた	48
イツ	プロテスタントの牧師、神学者　ヒットラー暗殺計画に加担　刑死	49,62
ランス	カルメル会修道女	51
ーマニア	共産主義政権によって国を追われ、最後は修道女アレクサンドラとなる。	54
イツ	不明	55
ランス	詩人、小説家。第二共和制時代には政治家。	56
明	プロテスタントの作詞家	58
ザ	修道師父	60
ジプト	修道師父	62, 167
イス	医師、著述家	62
メリカ	女流小説家　三度ノーベル文学賞にノミネート	63
明	不明	64
シア	近代ロシアを代表する聖人	65, 84
シア	女子修道院長　そのすぐれた霊的指導により、2017 年列聖される	66
メリカ	臨床心理学者	67
メリカ	原爆投下の惨状をいち早く米国民に伝え、被災者救済に貢献した医療ジャーナリスト、広島市特別名誉市民	68
ランス	聖公会司祭	69
ランス・アメリカ	カトリック司祭　古生物学者　カトリック思想家	72
リア	アンティオケの聖人	74
ギリス	世界的な劇作家	77

	名前		生没年
29	エルチャニノフ神父	Elchaninov	1934 永眠
30	E. S. ジョーンズ	E. S. Jones	1884-1973
31	アインシュタイン	Einstein	1879-1955
32	アウグスティヌス（聖）	Augustine	354-430
33	A. ルーニー	Andrew Aitken Rooney	1919-2011
34	オズワルト・チェンバース	Oswald Chambers	1874-1917
35	R. ブロウニング	R. Browning	1812-1889
36	C. S. ルイス	C. S. Lewis	1898-1963
37	エピクテトス	Epictetus	50?-135
38	ミラノのアンブロシウス（聖）	Ambrose of Milan	340?-397
39	ディートリッヒ・ボンヘッファー	Dietrich Bonhoeffer	1906-1945
40	小さな花のテレーズ（聖）	Therese,the little flower	1873-1897
41	ルーマニアのイリーナ王女	Princess Illeana of Romania	1909-1991
42	J. ヒューバー	Hermann J. Huber	1954 - 2009
43	ビクトル・ユーゴー	Victor Hugo	1802-1885
44	R. クッシュマン	R. Cushman	不明
45	ガザのドロテオス	Dorotheos of Gaza	6 世紀
46	エヴァグリオス	Evagrios	4 世紀
47	ポール・トゥルニエ	Paul T ournier	1898-1986
48	イーディス・ワートン	Edith Wharton	1862-1937
49	P. マンスフィールド	P. Mansfield	不明
50	サーロフのセラフィム（聖）	Seraphim of Sarov	1759-1833
51	修道院長アルセニア (聖)	Abbess　Arsenia	1833-1905
52	M. スコット・ペック博士	Morgan Scott Peck	1936-2005
53	ノーマン・カズンズ	Norman Cousins	1915-1990
54	モートン・ケルセイ	Morton Kelsey	2001 永眠
55	テイヤール・ド・シャルダン	Teilhard de Chardin	1881-1955
56	ヘシキウス（聖）	Hesychius	4 世紀
57	シェークスピア	Shakespear	1564-1616

出生また活動地	記　　事	章
ア	コンスタンティノープルの大主教　名説教家で「金口」（クリュソストモス）とあだ名された	1, 4, 25, 35, 48, 73, 92, 93, 94, 138
ア　イギリス	ロシア正教会のイギリス教区の府主教	2
リカ	牧師、賛美歌作者	3
	キリスト教社会運動家	3
リス	ファンタジー作者　牧師	3,171
	一時ニネベの主教もつとめた、修道師父	4, 154, 159
スタンチノープル		4
マーク	哲学者　代表作「死に至る病」	4, 22
ア	作家　代表作「戦争と平和」	6
リス	マザーテレサを紹介したジャーナリスト、作家	7
ツ	神学者、医者、オルガニスト	9
		9
キティア（ギリシャ北部）	修道師父	10
リカ	女流詩人	12
ア生まれ　英国にて永	アトスの聖シルワンの弟子・伝記作者。イギリスのエセックスに修道院を設立。	13, 92
リカ	宣教師　同志社大学の設立に関わる	13, 112, 125
リカ	ウォーターゲート事件を起こしたニクソン大統領に連座した大統領特別補佐官。後に宣教者となる。	14
リス	英国聖公会に属する神秘主義著作家	14
ス	カトリックの神学者、司祭。	16, 99
ストリア	アドラー、フロイドに学んだ精神科医　自身のユダヤ人収容所体験を語る「夜と霧」で名高い。	20, 28, 74
リス	バプテスト派の著名な説教家	20, 132
クサンドリア	古代キリスト教の神学者	21
のギリシャ	フォティケの主教　修道的霊性について著作を残す	21
リカ	著作家	24
ンス	正教に改宗した神学者	25
イの聖エカテリナ修道	「階梯（はしご）」という修道指導書を書いた、正教で最も尊敬される師父の一人	26, 50, 86, 89, 137, 154
ア	サンクトペテルブルクに隣接する軍港の島クロンシュタットの教区司祭として貧しい人々のために尽力した。	27, 41, 62, 85, 101, 169, 171
	不明	30, 47, 93

人名一覧表

	名前		生没年
1	イオアンネス・クリュソストモス（聖）	John Chrysostom	344?-407
2	アントニー・ブルーム	Anthony Bloom	1914-2003
3	ラルフ・エルスキン	Ralph Erskine	1843-1901
4	賀川豊彦		1888-1960
5	ジョージ・マクドナルド	George MacDonald	1824-1905
6	シリアのイサアク（聖）	Isaac the Syrian	7 世紀
7	オリンピアス（聖・女輔祭）	Olympias	4 世紀
8	キルケゴール	Kierkegaard	1813-1855
9	トルストイ	Tolstoy	1828-1910
10	マルコム・マゲリッチ	M. Muggeridge	1903-1990
11	シュヴァイツァー	Albert Schweitzer	1875-1965
12	D. D. マセソン	D. D. Matheson	
13	イオアンネス・カシアン（聖）	John Cassian	360? ー 435
14	グレイス・ノル・クロウェル	Grace Noll Crowell	1877-1969
15	ソフロニイ神父	Sophrony Sakharov	1896-1993
16	D. デイヴィス	D. Davis	1838-1910
17	チャールズ・コルソン	Charles Colson	1931-2012
18	イブリン・アンダーヒル	Eve l yn Underhill	1875-1941
19	ハンス・フォン・バルタザール	Hans Urs Von Balthasar	1905-1988
20	ヴィクトル・フランクル	Viktor Emil Frankl	1905-1997
21	C. H. スポルジョン	Charles Haddon Spurgeon	1834-1892
22	オリゲネス	O rigen	185?-254?
23	フォティケのディアドコス (聖)	Diadochus of Photike	5 世紀
24	ポーラ・ダルシー	Paula D'Arcy	1947 ～
25	オリビエ・クレマン	Olivier Clement	1921-2009
26	階梯者イオアンネス（聖）	John Ckimacus	579-649
27	クロンシュタットのイオアン（聖）	John of Kronstadt	1829-1908
28	H. シュワルツ	H. Schwartz	不明

訳者略歴

松島雄一（まつしま・ゆういち）

1952年香川県生まれ。印刷会社営業職を経て、1990年正教神学院入学、1993年卒業と同時に司祭叙聖され、今日に至る。名古屋ハリストス正教会、半田ハリストス正教会管轄司祭等を経て現在、大阪ハリストス正教会司祭。

訳書：『正教会入門』ティモシー・ウェア（2017)、アレクサンドル シュメーマン『世のいのちのために―正教会のサクラメントと信仰』(2003) 共に新教出版社。

監修：ジョセッペ三木『師父たちの食卓で――創世記を味わう　第1章～第3章』(2015)、ヨベル。

落ちこんだら――正教会司祭の処方箋 171

2017年11月20日 初版 第1刷発行

著　者 ―― アントニー・M・コニアリス

訳　者 ―― 松島雄一

発行者 ―― 安田正人

発行所 ―― 株式会社ヨベル　YOBEL、Inc.

〒113-0033 東京都文京区本郷4-1-1　菊花ビル5F

TEL03-3818-4851　FAX03-3818-4858

e-mail：info@yobel. co. jp

印　刷 ―― 中央精版印刷株式会社

配給元―日本キリスト教書販売株式会社（日キ販）

〒162 - 0814　東京都新宿区新小川町9 -1

振替 00130-3-60976　Tel 03-3260-5670

ISBN978-4-907486-56-3 C0016

聖書本文は日本聖書協会発行の『口語訳 聖書』を使用しています。